1

Skrivbordspedagogen informerar

En kritisk bok om lärarnas arbetsmiljö

Roberth Nordin

Förlag: BoD – Books on Demand, Stockholm, Sverige
Tryck: BoD – Books on Demand, Norderstedt, Tyskland
ISBN: 978-91-7569-501-3

Till er alla som varje dag kämpar med undervisning i Sveriges alla skolor där ni levererar välfärd till reapriser.

Ni är fantastiska.

Innehållsförteckning

1 rejäl skopa ironi

3 tjog humor

1/2 knippe gnäll

5 hekto deprimerande verklighet

4 msk total förvirring

2-3 tsk förströelse

5 dl sylvass kritik mot skolsystemet

4 gram frustration

Bruksanvisning

Du behöver inga förkunskaper eller genomförda litteraturstudier på universitetsnivå för att tillgodogöra dig denna bok. Läskunnighet och hyfsat koll på skolan räcker.

Det finns ingen röd tråd, handling eller någon som helst logik i bokens upplägg. Du kan läsa den från pärm till pärm eller spontant, lite på måfå, bläddra upp en sida och läsa några rader som känns rätt just för stunden.

De flesta av oss har växt upp med böcker och fått höra att vika hundöron är bland det värsta en civiliserad människa kan göra. I denna bok är det fullt tillåtet att göra hundöron, flera stycken om så önskas.

I boken finns ett förord. Det kan du hoppa över. Du behöver inte ens skumläsa det. Jag lade till ett förord mest för syns skull. Boken får en mer professionell prägel och verkar mer seriös, något som verkligen behövs i det här fallet.

De flesta texterna är med ironi drivna till sin spets. De ska alltså inte ses som en källa till fakta för någon C-uppsats eller dylikt. Skalar du bort all humor och ironi hittar du oftast deprimerande åsikter som många lärare tyvärr känner igen sig i. Har du svårt för ironi, sarkasm och billig humor bör du kanske redan nu lägga undan boken.

I bokhyllan bör boken inte placeras tillsammans med seriös litteratur av den lite finare sorten. Ställ den istället tillsammans med skolverkets utgåvor alternativt längst ned bland de böcker du inte riktigt vet vad du ska göra med.

Boken kan uppfattas som en enda lång orgie i lärargnäll skriven av en bitter pedagog som gjort sin offerkofta till en tvångströja. Kanske är det så. Det är upp till andra att avgöra. Jag har i alla fall gjort ett uppriktigt försök att kritisera skolsystemet som jag tycker fördärvar arbetsmiljön för världens bästa yrke.

Vurmar du för grammatisk korrekthet kan ett sammanbrott vara nära förestående om du fortsätter att läsa boken. Hade missbruk av kommatecken varit kriminellt skulle jag nog vid det här laget suttit på Hall. Jag är inte det minsta konsekvent samtidigt som jag struntar i huvudsatser och bisatser. Det är rena vilda västern. Får du dessutom andningssvårigheter eller andra allergiska besvär av meningar som börjar med orden och eller men bör du genast lägga undan boken. Och som den norrlänning jag är överanvänder jag ordet jo. Men det får du ha överseende med.

Texterna du snart kommer att stifta bekantskap med är skrivna under flera år. Några är dagsaktuella, några var aktuella förr och ytterligare några kanske aldrig har varit aktuella. Det är något du bör ta med dig när du skapar en relation till texterna.

Vi lever i de lättkränktas tidevarv. Skulle du av någon anledning känna dig kränkt, stött eller rent av ledsen av denna bok ber jag om ursäkt. Texterna kan tolkas rätt friskt, kanske du har tolkat dem fel. Läs om och tolka åt ett annat håll. Känner du dig fortfarande trampad på tårna finns alltid möjligheten att skaffa skor med stålhätta.

Förord

Ännu en kollega hade slutat utan några som helst varningstecken. Utan vidare sa hon upp sig började en ny karriär inom ett annat yrke. Några månader tidigare hade en annan kollega plötsligt brutit ihop i personalrummet, inga varningstecken där heller. Hon grät och grät och grät. Anhöriga fick komma och hämta henne. Sammanbrottet kom bara tre månader innan pensionen. Tre månader innan pensionen! Det är som att åka Vasaloppet och ramla ihop av utmattning 100 meter innan mål.

Jag och några av de kvarvarande kollegorna diskuterade lite på skämt men kanske mest på allvar, vem står på tur? Varför berättar ingen om sin situation innan det försent? Varför berättar vi inte om den dåliga arbetsmiljön? Varför accepterar vi detta?

Någonstans där bestämde jag mig för att göra min stämma hörd. Jag tänkte inte sluta eller bli sjuk utan att berätta för omvärlden hur dåliga arbetsmiljön kan vara för lärare. Jag skriver kan eftersom jag är fullt medveten om att på många skolor i många kommuner är arbetsmiljön bra.

Hur gör en lärare sig hörd? Sitta och gnälla i fikarummet kändes inte som en lösning. Ställa sig på torget med ett plakat när man bor i Norrlands inland kändes inte heller som en smart idé. En annan och kanske viktigare fråga: hur protesterar du som lärare utan att verka gnällig och bitter?

Efter en stunds grubblerier och lite facklig rådgivning fick jag rådet att skriva en insändare. En insändare? Kom igen! Vem läser en insändare i en lokaltidning i Norrlands inland?

Eftersom jag inte ville ställa mig på torget med ett plakat började jag fundera på en insändare. Hur får man uppmärksamhet genom en insändare? Hur sticker man ut bland korsord, fotbollsresultat och dödsannonser? Kan tyckas lätt, men skriv en insändare själv! Det är inte så lätt som man kan tro.

Efter att ha gett upp några gånger lyckades jag knåpa ihop en insändare som borde sticka ut. Provocerande, ironisk och fullständigt galen. Vem tar in en sådan insändare och slösar tid, bläck och papper på att trycka den? Tydligen båda lokaltidningarna.

Innan jag tryckte på skickaknappen fick jag kalla fötter. Hur smart är det att kritisera den organisation som ger dig lön? Dumt att skriva sitt eget namn. Men vad skriver man istället? Eftersom jag befann mig mitt i en period med mycket omdömesskrivande kändes det som att jag satt mer vid skrivbordet än vad jag befann mig i klassrummet. Skrivbordspedagogen fick duga.

Insändaren lästes av många, riktigt många. Det jag inte förstått var att insändaren även publicerades på tidningarnas digitala upplagor. Plötsligt spreds texten som ett influensavirus, allt tack vare sociala medier. Den mest lästa artikeln den månaden, sportresultat och dödsannonser inräknat, var min insändare.

Nästa insändare slog alla tidigare rekord inklusive den ena nättidningens upplaga. De ville göra en intervju, och där rök anonymiteten. Eftersom det var vår och jag var lärare fanns inte så mycket tid för att skriva fler insändare, reflektera över de redan skrivna eller fundera på vad kommunen tyckte om att en av deras anställda börjat gnälla på nationell nivå.

Några månader senare startade jag en blogg, en facebooksida och ett twitterkonto, allt i Skrivbordspedagogens namn. Jag fortsatte att skriva periodvis, mest för att det var roligt att skriva.

Under de år jag skrivit har kommentarerna alltid, med några få undantag, varit något i stil med: jag känner igen mig för mycket för att det ska vara roligt. För många kände igen sig i mina beskrivningar av arbetsmiljön. Inte bra.

Så varför en bok när allt ska vara så digitalt? Jag vet inte, mest för skojs skull antar jag. Och som den lärare jag är, är jag van att göra det mesta själv. Jag har skrivit, korrekturläst, rättat, valt ut texter och fixat omslag själv. Sköta tryckpresserna fick jag inte göra. Annars hade jag nog gjort det också.

Att skicka in ett manus som detta till ett seriöst förlag är inte att tänka på. Inte ens jag själv skulle satsa pengar på boken och trycka den. Därför blev det print on demand -konceptet. Och därför får du räkna med en del stavfel, grammatiska frivolter och andra konstigheter du sällan hittar i andra böcker.

Bilderna kan jag inte ta på mig något ansvar för. De har jag helt lagligt tankat ned från diverse sidor som erbjuder royaltyfria bilder.

När du snart byter sida kommer du att kastas in i ett virrvarr av texter av olika de slag. Håll till godo.

Roberth "Skrivbordspedagogen" Nordin

Kurserna du aldrig läste på lärarhög

Informationsteknik 7,5 p
Viktig kurs för it-ingenjörer, datorutvecklare och lärare. Du lär dig att handskas med all form av teknisk utrustning inklusive sumpfyllda kaffeautomater och kärringknutar på laddsladdar. Kursen innehåller även andningsövningar som sänker ditt blodtryck vid eventuella datorhaverier. Efter genomgången kurs skall deltagarna bland annat kunna jaga ifatt ett borttappat nätverk, kallstarta en 25 år gammal kopieringsmaskin samt programmera om kommunens digitala bedömningsstöd varje gång du ska bedöma en elev.

Ledarskap och konflikthantering 15 p
Yrket ställer stora krav på ledarskap. 30 elever, 60 föräldrar och en skolinspektion ska var nöjda och få sina viljor igenom. I kursen får du lära dig hur du pekar med hela armen i smyg utan att kränka någon. Vidare får du djupa kunskaper i hur du ordnar en kö med en grupp elever som alla tror att de står först. 7,5 poäng består av avancerad konflikthantering där du får lära dig att medla mellan lättkränkta vinnarskallar som vägrar släppa en millimeter av sin bänkyta till sin kamrat. Efter genomgången kurs är du licensierad fredsmäklare med lämpliga kvalifikationer för utlandstjänstgöring.

Självförsvarskurs, grundkurs 7,5 p
Sannolikheten att du som from pedagog stöter på våld och hot när du utför dina lärargärningar är stor. I denna kurs får du praktisera flertalet asiatiska kampsporter. Du får lära dig hur du använder din kropp som sköld när elever brukar våld. I kursen ingår 2 poäng juridik där du får lära dig att agera vid våldssituationer utan att bli anmäld till skolinspektionen. Grundkursen ger behörighet till grundkurs 2 som är förlagd vid ett jägarregemente.

Basmedicinsk kurs 15 p
Kursen läser du tillsammans med blivande farmaceuter. Du kommer att få kunskaper inom området medicin med fokus på snabbverkande värktabletter. I kursen ingår även analys av sömntabletter och blodtryckssänkande samt genomgång av hela forskningsfältet vad gäller magsårsmedicin. Kursen ger inte behörighet att skriva ut egna mediciner men den ger dig kontakter inom apoteksbranschen vilket är ännu bättre.

Introduktion till psykologi grundkurs A 15 p
Kursen är omfattande och går grundligt igenom social- och gruppsykologi, utvecklings- och personlighetspsykologi, biologisk-, kognitiv och hälsopsykologi. Du kommer att lära dig hur du läser av en klass, en rektor och en skrämd kaffeautomat. Även politikerpsykologi – hur en politiker fungerar och varför de aldrig tänker igenom en reform – ingår i kursen. Du kommer att få praktisera olika tekniker för att lyssna, bl.a. lyssna och jobba med annat, lyssna och överlev och lyssna med minimal hjärnaktivitet.

Stresshanteringskurs del 1 60 p
Stress kommer att bli din följeslagare fram till din pension. I denna kurs får du lära dig att bita ihop, välja arbetsglädje och gilla läget. Du kommer att få lära dig flertalet asiatiska klyschor som t.ex. "Kineserna har samma tecken för kris och möjlighet.", "När du springer in i väggen, öka farten." och "Själv är kommunens bäste dräng.". Kursen har högt tempo med möjlighet att göra extra tentor på helgerna.

5 Saker att tänka på när du dejtar en lärare

Middag
En middag för två med levande ljus på en lite finare restaurang. Romantiskt kan tyckas. Men innan du har hunnit smaka av vinet har din dejt redan kastat i sig varmrätten, tillrättavisat de högljudda gästerna vid bordet bredvid och hittat minst två stavfel i menyn. Lärarlönen medger inga större utsvävningar, ta med eget kontokort.

Mysig fredagskväll
Räkna inte med några djupare diskussioner. Din dejt pratar stötvis i osammanhängande meningar innan hen somnar i soffan. Räkorna, osten och det vita vinet smakar kanske inte lika gott utan vaket sällskap, men å andra sidan får du ha allt för dig själv. Filmen ni har hyrt kan du alltid återberätta dagen efter. Bättre samliv än så blir det inte en fredagskväll.

Romantiskt biobesök
Se till att sjunka ned djupt i biofåtöljen. Det kan lätt bli pinsamt när din dejt högljutt kommenterar ohyfsad kepsanvändning, oförsiktigt godispåseprasslande och allmänt ohyfs. Inte blir det bättre av att din romantiske vän mer än gärna kommenterar och bedömer dåliga textöversättningar och tveksamma rolltolkningar. När filmen är slut kan det lätt bli lite irriterad stämning i salongen när din hjärtevän försöker att organisera biobesökarnas utgång efter ålder.

SMS-flirter och annan litterär kommunikation
Visst är det kärleksfullt när det plingar till i byxfickan och hjärtevännen har skickat ett litterärt ömhetsbevis med tillhörande emoji. Din korrespondens behöver inte var alltigenom grammatiskt korrekt. Utelämnande av ett och annat predikat eller någon blyg

felstavning förlåts, men börjar du särskriva och missbruka skiljetecken är det fel känslor du riktar dig till. Högt blodtryck är ingen kärleksyttring.

Weekendresa
Känner du att det är dags att ta nästa steg i förhållandet? En tur till kompisens stuga i fjällen över helgen? Eftersom läraren sällan är mentalt körbar en fredagseftermiddag bör du sitta bakom ratten. Bli inte förvånad om din dejts packning är tung. Rättning, kontorsmaterial och laptop både väger mycket och tar upp en ansenlig volym, och det är inte under några omständigheter förhandlingsbart. Om du vill visa ömhetsbetygelser och att du har en seriös inställning till relationen hugger du in på rättningen. Då får ni mer tid över till annat, t.ex. individuella utvecklingsplaner.

Intima stunder
Nä, det var ju bara 5 saker att tänka på, inte sex.

Vem litar på en lärare

En fondmäklare behöver bara ett vagt rykte och en välvårdad kostym för att ge tillräckligt med förtroende för att kunderna, utan att blinka, ska lägga sina sista slantar i en aktieindexobligation i något svårstavat land i fjärran östern.

Men när en lärare försöker övertyga sin arbetsgivare att lägga några extra ören på en elev krävs en pärm full med åtgärdsprogram, en tvåårig psykologutredning och övertalningsförmåga som skulle kunna fälla en tall.

En bilhandlare behöver bara ett kritvitt leende och ett fast handslag för att övertyga sina kunder att köra hem en begagnad bil. Trettiotusen mil är bara inkörningsmil för en nästan rostfri Toyota.

Men när en lärare försöker förklara att det kan vara en bra idé att ta hem en bok helt gratis och läsa hemma krävs forskningsrapporter, utredningar och utläggningar som skulle få en EU-byråkrat att somna.

När tjänstemännen i kommunhuset skriver jobbar hemma tillsammans med en glad smiley på sina dörrar höjer ingen på ögonbrynen. Att det är fredag och OS har inte med saken att göra.

Men när en lärare går hem en timma tidigare med en tjock planeringskalender, tolv kilo rättning och feber, haglar misstankarna om lathet, försumlighet och högförräderi.

För en forskare/schaman, som inte satt sin fot i en skola sedan Palme var utbildningsminister, räcker det med att forska kring en handfull barn och skriva en bok om det för att kunna åka land och rike runt och predika om undervisning. Några varv runt riket och sedan är han en välbeställd guru.

Men om en lärare som har 40 yrkesverksamma år i ett klassrum bakom sig dristar sig till säga något om undervisning får han en klapp på huvudet och ett medlidsamt leende till svar. Vad vet du lille vän om pedagogik som har varit fullt upptagen smed att undervisa?

Nä det finns liten om än någon tillit till lärare. Hade SKL fått sin vilja igenom hade lärarna med stor sannolikhet haft dubbla stämpelur, övervakare och en fotboja i vardera ankel. Hmm… Nu var jag nog lite orättvis mot SKL. Lärare har ju trots allt oövervakade permissioner över somrarna.

Det skulle vara lätt till hands att tro att jag likställer forskare med schamaner och på så sätt nedgöra svensk forskning inom disciplinen skola. Så är inte fallet. Det finns slå klart mycket seriös forskning i ämnet. Dock finns en hel del forskning utan tyngd, för få studier eller studier irrelevanta för undervisning. Självklart är detta åsikter om forskning som jag har. Finns säkert en och annan som tycker annorlunda.

Skolsystemets kvacksalvare

Ett välkänt fenomen inom skolbranschen är föreläsare som åker land och rike runt och förkunnar pedagogiska sanningar som helt saknar förankring i verkligheten. Pedagogiskt kvacksalveri med andra ord. Nedan följer några varningssignaler du bör vara observanta på om du inte vill råka ut för pedagogiska kvacksalvare:

Föreläsaren presenterar en patentlösning på sanningen samtidigt som denne förkastar och förlöjligar allt du gjort de senaste 20 åren.

Föreläsaren lyckas skapa en sektstämning där JA och AMEN är de enda svar som tillåts. Den som höjer ett kritiskt ögonbryn stämplas direkt som kättare, en negativ bakåtsträvare vars lämplighet som lärare bör ifrågasättas.

Föreläsaren visar upp tio böcker hen skrivit. Din skola behöver naturligtvis inte köpa några böcker, men utan dessa biblar riskerar du och hela kommunen att dras ned i den pedagogiska ättestupan.

Föreläsaren predikar om en arbetsmetod som låter för bra för att vara sann. Den ger inte bara toppresultat för eleverna. Metoden löser alla dina bekymmer, allt från kronisk resursbrist till kärringknutarna på sladden till din dator.

Föreläsaren använder trendiga ord i sin predikan.
Problembaserad skolutveckling med formativ bedömning som grund för en ökad måluppfyllelse i en elevnära situationsbaserad ergonomisk kontinentaldriftsmässig ostrondesert. Vackra ord som inte betyder något. Om du inte förstår är det inte dig det är fel på.

Föreläsaren erbjuder en fantastisk lösning på ett problem du inte har. Du får något som du aldrig efterfrågat eller någonsin saknat. Det slutar oftast med minst ett par nyuppfunna arbetsuppgifter som ska trängas i ditt schema.

Kvacksalveri är på många medicinska områden strängeligen förbjudet i svensk lag. Häxdoktorer och medicinmän förpassas till sagorna värld medan landstinget tar hand om våra sjuka.

I skolans värld finns inget hinder för pedagogiska magiker att fara land och rike runt och predika om pedagogiska upplevelser de haft på 80-talet. De tas emot med öppna armar som helbrägdagörare. Att deras pedagogiska insikter inspireras av skrock och kaffesump är det ingen som reagerar över, inte när det kommer någon som har svaret på undervisningens alla bekymmer.

Om det överhuvudet taget finns någon forskning dessa kringflackande voodoopräster lutar sig mot är den lika tunn stadsmissionens gulaschsoppa. En studie på ett par barn för några decennier sedan räcker för att kunna ge sig ut på vägarna och predika sanningen.

Mer märkligt är hur dessa så kallade pedagogiska föreläsare har kunnat etablera sig, sprida sin dynga och dessutom få rejält betalt. Vem släpper in dem fortbildningen?

Kvacksalveri är en nedsättande benämning på att utan erforderliga kunskaper ge verkningslösa eller farliga medicinska behandlingar.

Wikipedia

Kommunen ett mini-EU?

Kommunen har blivit ett mini-EU. En liten organisation som lägger ned stora resurser på att ansöka medel av sig själv. Ungefär som att skicka en skriftlig anhållan till sig själv för att få medel till en biokväll. I en sådan organisation blir dokumentationen allt viktigare. Här kommer ett axplock ur kommunens artrika dokumentationsflora.

Utflykter: här kan det aldrig bli för många blanketter. Säkerhetsanalyser i sann myndighetsanda där SÄPO:s planeringsformulär för statsbesök står som modell är ett måste. Korvgrillning i skogen eller ett biblioteksbesök är förenat med livsfara utan korrekt ifyllda dokument.

Vaktmästeriärenden: här behövs sällan blanketter. Ett digitalt anmälningsförfarande via krångliga hemsidor eller svårinloggade program med käcka namn är ofrånkomligt. Hur ska vi annars kunna kvalitetssäkra glödlampsbyten?

Teaterbesök: kultursatsningar ligger kommunen varmt om hjärtat. Här finns pengar att hämta, men inte utan en gedigen ansökan i de högre divisionerna. En fin tumregel att hålla sig till, är att ansökan inte får ta kortare tid att fylla i än själva kulturevenemangets totala tidsåtgång. Det är viktigt att kompetent personal högre upp i den kommunala hierarkin får lägga sina varsamma hand över kulturkonsumtionen. Vad skulle hända om lärare började ta sig kulturella friheter.

Olyckor: blanketter stoppar varken blodflöden eller tårar, men är en billig försäkring mot kommande klagomål. Blåmärken och skrubbsår är inget som hör hemma på våra väl bomullsinlindade barn. Glöm inte att sätta på ett plåster efter att du fyllt i blanketterna.

Åtgärdsprogram: dokumentens dokument, kärnan i all kommunal byråkrati som rör utbildning. Dessa blanketter tar avstamp i en massiv kunskapsanalys och genomsyras av en kraftfull utvärdering av bibliska dimensioner. Denna urkund andas kvalitet och framtidstro. Det finns inga gränser för vad ett åtgärdsprogram kan åstadkomma för en elev i nöd. Att verklighetsförankring ofta saknas är inget hinder. Finns det i tryck så existerar det.

Fortbildning: gärna säger kommunen men inte utan ansökningar. Kommunens fortbildningskurser i hur man lyckas i att skriva ansökningar är populära. Glöm inte att fylla i rätt blanketter. Det är många som vill gå.

Toalettbesök: nej, här finns ingen byråkrati att luta sig mot, men håll med om att det är svårt att kvalitetssäkra måluppfyllelsen vid toalettbesök utan tillbörliga blanketter.

Har kommunen ADHD?

Som bekant krävs en rejäl utredning för att få diagnosen ADHD. Minst sex kriterier på DSM-IV lista över symptom krävs för att rätt diagnos ska ställas. Hur skulle kommunen klara sig i en utredning?

C) Verkar ofta inte lyssna på direkt tilltal

Det är långt upp till toppen. Samverkansgrupper, moderna telefonväxlar och klagoplank till trots, vill du göra din stämma hörd måste du riva i från tårna. Vilket för det mesta är lönlöst. Om du mot förmodan träffar på någon ur kommunens toppskikt på din skola är skolan antagligen nedlagd, nedbrunnen eller med i TV.

D) Följer ofta inte givna instruktioner, (beror inte på trots eller på att personen inte förstår instruktionerna)

Kommunen jobbar efter sin egen agenda. Vad regering och riksdag säger är inte ovidkommande men ses mer som en kärvänlig rekommendation. Skolinspektionens tillrättavisanden betyder inte att något regelverk har förbisetts, snarare är formuleringar i de inskickade dokumenten bristfälliga, och sådant går snabbt att åtgärda.

E) Har ofta svårt att organisera sina uppgifter och aktiviteter.

Organisation är en svår disciplin för kommunen. För att hålla kommunen igång krävs stora resurser i organisationen. Dokumentation och kontroll kräver sin stab. Med rätt stöd (den enorma staben) lyckas dock kommunen att organisera sina uppgifter och aktiviteter.

F) Undviker ofta, ogillar eller är ovillig att utföra uppgifter som kräver mental uthållighet.

Hur många gånger har du inte varit med om att kommunen kör igång projekt som du med liv och lust ger dig in i. En månad senare är projektpengarna slut och du ställs inför ett nytt projekt. En fortbildningssatsning här, en kvällskurs där och en konferens någon annanstans, du far som en pingpongboll mellan kommunens aktiviteter utan att komma någon vart. Kommunen undviker visserligen inte uppgifter men saknar uthållighet.

G) Är ofta lättdistraherad av yttre stimuli.

Det räcker med att en professor i en annan del av landet nyser så har kommunen slängt sig över konceptet och ska storstilat införa nymodigheten i samtliga klassrum. Kommunrepresentanter kan utan att blinka åka runt halva jorden om de snappat upp någon trendig idé som låter käck nog att stoppa in i ett klassrum.

I) Är ofta glömsk i det dagliga livet.

Ett vallöfte glöms snabbt. 17 barn i en förskolegrupp blir snabbt till 18 som blir till 19.

Förvisso är detta bara en amatörpsykologisk betraktelse, inget som skulle generera några åtgärdsprogram av större tyngd, men håll med om att varningssignalerna finns där.

Ett inlägg som drog på sig kritik. Inte från kommunen dock, de hänger nog inte med i svängarna. Däremot fanns och antagligen finns det personer med ADHD eller anhöriga med ADHD som tog sig illa vid. ADHD används då och då som skällsord. Budskapet i inlägget är inte att häckla personer med ADHD, tvärtom. I vår iver att hjälpa barn med svårigheter sätter vi gärna etiketter som beskriver barnens brister. Kanske vi borde göra tvärtom, beskriva skolsystemets brister och sätta etiketter på kommunen. Innan vi hittar massor av fel på barnen kanske vi borde åtgärda felen på vårt skolsystem.

Har storleken betydelse?

Gör klasstorlek skillnad? Finns det någon gräns för hur många barn/elever det går att trycka in i ett klassrum? Det beror förstås på vem du frågar.

Frågar du…

…SKL
Gruppstorlek har stor betydelse för den kommunala plånboken. Ju större grupp desto mer skattepengar kan sparas och läggas på annat, viktigare saker. En lat och inkompetent lärare lär nog inte lyckas oavsett gruppstorlek.

…Kina och Korea
Ingen lärare kliver upp ur sängen för att undervisa klasser under hundra elever. Stöpa elever i samma form görs inte i halvklass. Likriktad och karaktärsdanande undervisning kräver stora grupper.

…EU
Hmm… Få se nu, max nio hönor per kvadratmeter, en kalv kräver minst en kvadratmeter och ett barn…Nä, här finns begränsningar.

…forskningen
– Klasstorlek påverkar kunskapsresultaten.
– Nonsens, klasstorleken har ingen som helst betydelse.
– Det har det visst det.
– Ge tillbaka min spade.
– Det är min spade.
– Får jag inte min spade kastar jag sand.

...politiker

– Vi minskar barngrupperna till 20 elever per klass, bara ni röstar på oss.

– Fast vi sänker till 15 elever.

– Röstar ni på oss får ni 5 elever i varje klass, plus att vi bjuder alla på en kanelbulle.

– Finansiering? Vallöften behöver man inte finansiera.

...rektorer

Klasstorlek? Har inte tid att fundera på det. Belysningen på parkeringen är trasig igen, ny upphandling av städet är på gång, sandlådan ska inspekteras, kökspersonalen informeras och blanketter för fönsterputsning ska fyllas i.

...skolverket

Bara det finns papper på allting kan klasserna se ut hur som helst. Det finns inget som är så välgörande för elevers väl och ve än en välfylld pärm. Vi skickar några pocketböcker med riktlinjer för dokumentation i större klasser.

...rörmokare, taxichaufförer och alla andra självutnämnda experter:

– Gruppstorlek? Vad är problemet? Det är bara att slå näven i bordet och riva i. Hade vi inte haft fullt upp med att kröka rör och köra kunder hade vi styrt upp skolan för länge sedan.

...Lärare

– Vi tycker att...
Vad har lärare med saken att göra?

Om du någonsin har knutit skridskor i en förskoleklass, skrivit IUP i en trea eller rättat nationella prov i en nia vet du att klasstorlek har betydelse.

Positivitetskonsulterna

När du kommer till ett möte och möts av en cirkel av stolar bör du vara på din vakt. Är stolarna utbytta till kuddar eller något annat mjukt att sitta på kan du med stor säkerhet räkna med ett långt terapiliknande möte. Då har antagligen din chef eller någon annan i beslutande position kallat in en positivitetskonsult.

I takt med att påfrestningarna i offentlig sektor växte ökade också marknaden för en helt ny yrkeskår, positivitetskonsulterna. Likt svampar växte de fram i den goda jordmån som de utbrända och utmattade lämnade efter sig. Chefer runt om i landet, i både offentlig och privat sektor, upptäckte att indragningar och ökad arbetsbelastning fick en oönskad och ytterst oväntad effekt. Anställda började visa tecken på trötthet. Något måste göras.

Om du vaknar en natt med värkande arm i en omöjlig ställning försöker du antagligen att förändra läget på armen eller kanske rent av att byta sovställning. Skulle du av någon anledning fråga en positivitetskonsult om råd hade svaret kommit med ett medlidsamt leende: "Fortsätt sov du, det är bara att gilla läget". Hade du inte haft så ont i armen hade du antagligen drämt något hårt i huvudet på den leende smilfinken. Något annat vore inte tänkbart om du inte är lärare förstås.

När lärare möts av neddragningar eller ökade arbetsuppgifter och det börjar kännas lite motigt finns det alltid en positivitetskonsult som möter upp med goda råd. Råden är dyra och förväntas tas på blodigt allvar, bara att gilla läget. Skulle det ändå inte kännas bra efter att du gått omkring och gillat läget några veckor kallas konsulten in igen och nya råd levereras tillsammans med nya räkningar. Råden tycks aldrig sina.

Råden varieras i det oändliga men har samma budskap: här får du mer att göra, det är bra om du gör det med ett leende på läpparna. Och funkar det inte på en gång provas nya infallsvinklar. Tillexempel, för att bättre gilla läget måste du tänka på att det kunnat vara värre. "Tänk på lärarna i Nigeria, barfota på jordgolv är ingen rolig historia. Och du behöver inte andas i respirator, så ryck upp dig." Käcka små tillrop från positivitetskonsulten som blir allt positivare för varje timme som debiteras.

Hade en positivitetskonsult kommit till en sjö där abborrar flöt halvdöda omkring i vattenbrynet skulle denne med stor sannolikhet försiktigt lyft upp några av fiskarna och med allvarlig min berättat att det bara är att gilla läget. Han hade antagligen, om han fick betalt, satt sig ned och funderat över vad det kan vara för fel på fiskarna som hänger läpp. Förstår de inte hur bra de har det jämfört med forellerna i Rhur-området? Hade det funnits någon genomarbetad fiskterapi för abborrar skulle positivitetskonsulten genast börjat debitera.

Naturligtvis är detta vansinne. Vem som helst som är vid sunda vätskor skulle naturligtvis misstänka att något är fel på sjön. Något i sjöns miljö gör att abborrarna inte mår bra. Ingen skulle försöka bota fiskarna eller påstå att de hade svaga nerver. Genom att åtgärda sjöns dåliga miljö blir snart alla abborrarna glada igen. Självklart kan tyckas.

Eftersom abborrarna inte jobbar eller vistas i svensk skola är det deras miljö som bör förbättras. Om du som lärare någon dag skulle ligga utmattad och flytandes i skolans miljö är det hos dig som individ felet ska sökas och åtgärdas, inte miljön. In stormar en positivitetskonsult som talar om för dig att det är dags att ta sig samman, gilla läget och fortsätta kämpa. Att panikångesten har lika tydliga samband med arbetsbelastningen som alkohol har till fylla är det ingen som tror på. Svaga nerver och en negativ inställning anses vara troligare orsaker till ditt sammanbrott. Bara du har vett att gilla läget och inser att alla dina nya arbetsuppgifter är fantastiska möjligheter kommer allt att blir bra.

En käpphäst för positivitetskonsulterna är tanken på att problem är en möjlighet, en utmaning som ger ditt liv mervärde. När du sitter i ditt klassrum i terapiringen tillsammans med dina kollegor en sen kväll långt efter att ventilation stängts av är det sista du vill höra käcka kommentarer som: "Ett problem är bara en möjlighet klädd i arbetskläder", eller "Nu ska vi inte älta bekymmer, välj att se möjligheterna istället". Från början kan du bli rädd för dina egna känslor när du vill kasta dig över positivitetskonsulten och strypa karln. Det är en helt naturlig reaktion och inget att förfäras över.

Vill du ta dig igenom ditt första år som lärare bör du se problem och bekymmer för vad de är. De är inget annat än problem och bekymmer, och du kommer att få se mycket av den varan. Istället för att försöka skapa någon illusion om att problem är nyckeln till lyckans port är det bättre att lyfta problemen. Belys problemen, lös dem och gå vidare. Stöter du på ett problem du inte kan lösa ber du om hjälp eller gå runt det. Låt ingen positivitetskonsult inbilla dig att du ska vara glad för att du fått fler arbetsuppgifter eller svårlösta problem på ditt skrivbord. En utmaning är något du självmant har tagit på dig, något som eggar dig att kämpa. Lösningen till ett problem kan leda till en möjlighet, men innan lösningen ska problemet besegras och det kostar dig arbetstimmar du inte har.

Men måste man då inte gilla läget ibland? Alla situationer går väl inte att påverka? Självklart är det så. Samtidigt lever vi i en värld där människans ihärdighet lyckats påverkat miljön, då borde vi väl även kunna påverka ett kommunalt beslut? Låter som en omöjlighet och det är antagligen enklare att kyla ned klimatet än att få en skolpolitiker att begripa skolans allvarliga situation. Men det är inte omöjligt. Fråga Edison.

Om Thomas Alva Edison lyssnat på en positivitetskonsult hade vi fortfarande suttit vid fotogenlampan och läst. Om Edison gillat läget och insett att det enda sättet att ge ett rum ljus är genom osande fotogen vore vi kvar vid 1842 års skolreform. Något som förvisso gynnat dig som lärare, men ditt liv hade varit lite krångligare. Edison lyssnade aldrig på kommentarer som: "Jo, visst är det svårt att uppfinna i skumrasket, men det är bara att gilla läget. Tänk på uppfinnarna i Nigeria, där finns inget lyse alls. Bara att tugga i sig och gilla läget."

Självklart gick aldrig Edison omkring och gillade läget. Han förändrade läget genom att uppfinna glödlampan. Och kan Edison kan du. Har du en tuff arbetssituation och mår dåligt av den måste du förändra läget. Går det inte att förändra läge byter du läge. Lärare är ett yrke, inte en helkroppstatuering som du är fast med resten av ditt liv. Sök dig till en annan skola där läget är bättre. Vägra att gilla läget.

Jo, det finns lägen då du helt enkelt får ge upp. Mister du någon anhörig kan du varken byta eller förändra läge. Men du går inte omkring och gillar läget när du bär svart. Någon gång måste du acceptera läget, men aldrig gilla det. Och när det gäller skolpolitiker kan du nog byta läge i det oändliga.

Du bör alltså vara vaksam när du kommer in till mötet och stolarna står i en fin ring. Möts du dessutom av tända ljus och en okänd figur bör du vända om. Gå inte in. Gilla inte läget.

5 myter om lärare

Lärare dras med några myter som är lika svåra att tvätta bort som en helkroppstatuering. Här presenteras fem av dem.

Lönen
Lärare är inte överrepresenterade vid stadsmissionens soppkök, och behöver inte sitta utanför ICA och spela dragspel. Dessa enkla konstaterande räcker som argumentation för att påstå att **lärare är överbetalda** gnällspikar. Att det dessutom finns vittnesmål om lärare som både kör bil av nyare modell, och gör utlandsresor gör myten om den överbetalda läraren till sanning. Att den svenska lärarkåren ligger sist i löneligan i alla jämförbara kategorier och att lärarutbildningen har samma attraktionskraft som en högmässa under OS tycks ingen bry sig om.

Sommarlovet
Tre goda skäl till att bli lärare; juni, juli och augusti. Visst, det är lite motlut de andra månaderna men du har ju ändå sommarlov. Om en lärare lite försynt försöker hävda sin rätt till lunch, kisspaus eller en arbetssituation som inte ger magkatarr och håravfall får hen genast höra att det inte ska gnällas när man har ett **långt sommarlov**. Ingen lärare har lov. De har semester och inarbetad tid.

Arbetstiden
Alla tycks känna lärare som **går hem tidigt på dagarna**, spelar golf på söndagarna och har mer fritid än det finns timmar på dygnet. Men som alltid med naiva tyckare tror de bara på sådant de tror sig sett eller tror sig hört av någon som tror sig eventuellt ha sett något. Av rätt uppenbara skäl ser de aldrig läraren som låser in sig i källaren med pappersjobb upp till nästippen.

Kompetensen

I tider då elevers kunskapsresultat störtdyker blir det viktigt för alla parter med någon form av ansvar för skolan att reagera. Det blir viktigt att snabbt skylla på någon annan. Längst ner i hackordningen står lärarna. Det bästa vore förstås att säga upp alla slöa och **inkompetenta lärare**, men med tomma katedrar som följd vore det mindre smart. Då återstår utbildning. Fyra års högskolestudier, 25 års erfarenhet och 13 fortbildningsdagar per år räcker inte långt för en lärare enligt förståsigpåarna.

Den ädla lärargärningen

Röda kors-arbetare, diakoner och bingolottosäljande morsor drivs av höga ideal och viljan att göra gott i världen. De flesta anser att även lärare hör till denna grupp, och visst är läraryrket mer än bara ett löneknep som betalar räkningar, men försök att gå till banken och lösa in en lärargärning eller betala en liter mjölk med ett pedagogiskt hjältedåd. Det var många år sedan heliga män i kloster stod för undervisning i Sverige. Nu för tiden har vi inrättat ett yrke med lön för detta ändamål.

Du kommer att ha större framgång med att gå ut i skogen och tjata omkull en tall än att försöka förklara för din omgivning hur det är att vara lärare.

Har du vad som krävs?

Är du av rätta virket? Gör SKL:s lärartest.

Du sitter på en föreläsning och begriper ingenting. Föreläsaren predikar ökad måluppfyllelse med problembaserad skolutvecklingsinitierad kognitiv inlärning. Vad gör du?

A. Du antecknar frenetiskt eftersom alla andra gör det. Iskallt väntar du ut dina kollegor tills någon av dem ställer frågan om vad allt egentligen handlar om. Sköter du dina kort väl märker ingen att du inget förstår.

B. Du sjunker ned i stolen tar fram några kilo rättning och ser till att föreläsning blir meningsfull.

En av dina elever ser inte ut att nå målen i matematik. Vad gör du?

A. Du plockar fram det tunga blankettartilleriet, skriver ett gediget åtgärdsprogram med tunt innehåll och köper in en lättare matematikbok.

B. Tar med dig skollagen, besöker kommunhuset och förklarar för ansvariga politiker att bibban i din hand mer gäller som lag än som en trevlig rekommendation för hobbypedagoger.

Två av dina elever kommer in efter rasten med blåmärken och skrubbsår. Det är uppenbart att de har varit i handgemäng.

A. Du låser in dig på ditt arbetsrum och dokumenterar händelsen med rapporter och analyser. Efter några övertidstimmar kan du sova gott utan mardrömmar om skolinspektionen.

B. Du sätter dig ned med dina elever och diskuterar konfliktlösning utan inslag av rallarsvingar och verbalt karate.

Du har kommit tillbaka från semestern och ett nytt läsår stundar. Vad gör du?

A. Du sätter genast i gång med att skriva diverse planer och fördjupar dig i någon implementeringsanalys av fjolårets utvärderingsrapport samtidigt som du avverkar tunga möten i ett rasande tempo. Efter en vecka av kvalitativ administration är du redo att möta skolinspektionen.

B. Du beställer läromedel, planerar undervisning och fortbildar dig. Du ger klassrummet en välkomnande atmosfär. Efter en vecka av förberedelser är du redo att möta dina elever.

Du har blivit kallad på ett lönesamtal till din chef. Vad gör du?

A. **A.** Du berättar i yviga ordalag om alla fantastiska skolutvecklingsprojekt du har deltagit i. Självklart nämner du den senaste implementeringskursen som du har medverkat i, något som med all säkerhet har fört skolan framåt. Att du är en reformivrare av stora mått och en förändringsbenägen ja-sägare är meriter som du mer än en gång påtalar.

B. **B.** Du berättar om ditt strävsamma arbete i klassrummet, om hur du inspirerar barnen till inlärning och ökat självförtroende. Självklart nämner du ditt engagemang i undervisningen, och alla de elever du har stöttat, tröstat, hjälpt, plåstrat, glatt och undervisat. Erfarenhet, kompetens och yrkesskicklighet är ord som du använder frekvent under samtalet.

För varje A du har svarat får du tio poäng och för varje B får du ett poäng. Räkna samman dina totala antal poäng.

50-60 poäng
Du har räknat fel och är antagligen utarbetad. Maxpoäng är 50.

40-49 poäng
Du är rätt person för jobbet. Vi skickar lärarlegitimationen med posten.

20-39
Du har potential för jobbet. Efter intensiva studier av skolverkets stödmaterial, samt några kvällsföreläsningar är du redo.

0-19
Yrket är inget för dig.

Försteläraren

Fem tusen sköna slantar rätt ned i plånboken, visserligen via staten, men ändå! Förhoppningsvis tänder det hoppet för alla de utbrända lärare som varje morgon stapplar sig till jobbet. Jobba lite hårdare så är tjänsten din. Visst känns det skönt att det äntligen visas lite uppskattning för din lärargärning? Om det nu är dig de väljer att satsa på.

Långt ifrån alla bra lärare kommer att få någon uppskattning. Om politikernas glada budskap om att en bra lärare ska ha en bra lön stämmer är majoriteten av lärarna i Sverige dåliga. De allra flesta kommer fortfarande att få allmosor.
En bra lärare ska ha en bra lön. En dålig lärare ska inte ha någon lön alls. Denne ska ersättas av en bra lärare.

Men vad säger skolans förkämpar?

SKL: nog känns det bittert att behöva slänga åt lärarhopen pengar. Vi som har kämpat så hårt med att hålla nere lönerna. Bara de inte börjar få attityd och känna sig viktiga. Bra lärare ska ha bra lön, förvisso, men visa mig en bra lärare som inte pratar finska. Vi får trösta oss med att vi slipper betala. Kanske är karriärtjänsterna trots allt av godo. Lärarkåren kommer att splittras, försvagas och bli ännu lättare att kuva. Härska genom att söndra.

Kommunen: det regnar pengar från ovan. Det måste finnas någon hake. Allt som kommer från staten är osäkert, ogenomtänkt och obra. Bäst att ta det försiktigt, vi skriver månadsavtal med förstelärarna. Tänk om vi skulle bli tvungna att lägga mer pengar än nödvändigt på skolan. Hemska tanke.

Björklund: känns riktigt bra att ge sig in i valdebatten med reformer som satsar på lärarna. En rejäl slant i plånboken för lärarna ser bra ut på valaffischerna. Nu kan ingen klaga på att vi inte höjer lärarlönerna. Och billigt blir det när vi inte behöver ge alla lärare riktigt lön. Vi kan fortsätta att ge allmosor till lärarna samtidigt som vi tystar allt gnäll om dåliga löner.

Föräldrarna: en bra reform. Självklart ska en bra lärare få lite extra i plånboken. Men, vänta nu, varför får mitt barn inte en förstelärare!? Nä nu, nu blir jag kränkt på riktigt.

Hmm, känns som att du börja bli lite väl bitter Roberth. Lite avundsjuk att inte du fick de där extra tusenlapparna?

Näpp, jag är förstelärare, har fått det extra lönelyftet och har gratis kaffe på jobbet. Ingen ironi bakom det. Systemet är fel och bara fel trots att jag gynnas mer än de flesta andra lärarna.

Vem bestämmer i vårt skolsystem?

Vem bestämmer egentligen över den svenska skolan? Många stämmor gör sig hörda och vill att staten ska ta över skolan. Frågan är bara, ta över från vem? Och vilken stat ska ta över?

Utbildningsministern

Det är sannerligen inte lätt att vara Björklund. Särskilt inte efter tidigare regeringars pedagogiska dikeskörningar. För att inte säga lgr69 som fördärvade en hel generation. Och 1842 års folkskolreform, hur går man vidare efter det? Nä, sådant kan ingen rå på. Inte blir det bättre av att kommunerna lever sitt eget liv på behörigt avstånd från Björklunds pekpinnar. Trots en reformiver av bibliska dimensioner har utbildningsministern föga påverkan på vår skola.

Sveriges kommuner och landsting

Det gå inte annat än att tycka lite synd om SKL. Trots två decenniers hårda insatser mot en förtappad och inkompetent lärarkår lyckas inte SKL påverka skolan nämnvärt. Det är inte utan blod, svett och tårar man plockar bort lön, status och värdighet från en hel yrkeskår. Men, förgäves, 20 års slit har inte gett någon som helst effekt. Så länge vi har överbetalda lärare som går hem efter lunch finns det inte mycket SKL kan göra.

Rektorn

Rektorn har totalansvaret för allt som rör skolan. Det svenska skolsystemet bollar ansvaret fram och tillbaka tills det slutligen hamnar i rektorns knä. Lite märkligt kan tyckas eftersom ett ärende som glödlampsbyte måste varandra runt åtskilliga varv i den kommunala hierarkin innan beslut kan tas. Rektorn är således den person som har mest ansvar i hela systemet men minst beslutanderätt.

Kommunen

Kommunen är endast en liten tvålkopp i skolsystemets stormiga hav. Det är inte mycket som går att påverka när staten, skolverket, skolinspektionen och EU ständigt envisas med att lägga sig skolpolitiken. Inte blir det bättre av medborgarnas ständiga krav på nya köpcentrum och arenor, sådant tär på skolpengen. Och när omvärlden ständigt krisar är det bara att hålla i sig och följa med. Finns ingen kommunpolitiker som kan styra över galopperande grekiska räntepapper.

Inlägget publicerades första gången då Björklund var utbildningsminister. Sedan dess har färgen på styret ändrats, men det mesta är sig likt. Hade regeringarna verkligen velat förbättrat skolan borde de inte lämna över jobbet till en handfull personer. Hela regeringen tillsammans med oppositionen måste kavla upp ärmarna.

Dagens skolsystem kan inte ställa någon till svars. Inget ansvar kan krävas. Alla skyller på alla. I ett sådant system blir det enkelt att skylla på lärarna.

Lärarnas sommarlov

Först går de hem klockan ett varje dag och sen har de sommarlov i tre månader, och till råga på allt har de mage att gnälla om lönen. Den som ändå vore lärare.

Ledigheten som så ofta felaktigt kallas för sommarlov kan te sig lite olika:

Första veckan. Lite förvirrad, omtöcknad och blek om nosen stapplar du ut i solskenet. Du tittar dig frånvarande omkring. Är det verkligen sommarlov? Nja, några arbetsuppgifter pockar trots allt på. Utvärderingsanalysen av blanketthysterin blev klar, men allt det andra. Ska bara göra lite till…

Andra veckan. Sover på nätterna, blodtrycket reagerar inte på grannens barn och minskad treokonsumtion. Jo, det är nog sommarlov.

Tredje veckan. Börjar så smått att umgås med folk. Familjen känner igen dig sedan förra sommaren, skönt!

Fjärde veckan. Halva ledigheten har gått. Ingen panik, fler veckor återstår.

Femte veckan. Det känns inte längre ovant med lediga kvällar och söndagar. Du läser flera kapitel i riktigt tjocka böcker utan att somna. Det där med att skaffa ett liv kanske inte är så dum idé trots allt.

Sjätte veckan. Vad i hela… Nu har någon räknat fel på kalendern och glömt några veckor. Har SKL strukit någon sommarvecka i sin iver att terrorisera lärare? Det kan omöjligt bara vara en vecka kvar. Satt ju alldeles nyss i kyrkan.

Sjunde veckan. Herregud! Vart tog sommaren vägen. Måste kolla mailen, börja titta på schema, ringa kollegan, kolla till klassrummet, baka till fikaveckan, gå igenom avräkningsperioder, boka barnvakt till kommande kvällsmöten, grubbla, fundera, tänka och grubbla igen.

Lärarnas sommarlov sticker i mångas ögon. Att de sen dessutom har mage att klaga över arbetsbördan? Årstimmarna är de samma för många andra yrkesarbetande men att se en ledig lärare i juli som går och drar benen efter sig på skattebetalarnas bekostnad känns förstås inte bra för de som bara har fem veckors semester. Lärare har valt ett yrke med intensiva arbetsperioder som kompenseras med längre ledighet. Valet är fritt och ditt.

Och nej, lärare har inte sommarlov. De har semester och inarbetad ledig tid.

Social kompetens

Lite trött och utarbetad? Vill du ibland helst bara sitta för dig själv utan sällskap av kollegor, kaffesurr och krukväxter? Händer det att du missar att en kollega klippt luggen eller att någon på din arbetsplats köpt ännu ett nytt intetsägande klädesplagg? Har du svårt att intresserat hänga med när bullrecept och trädgårdsskötsel diskuteras på fikarasten? Drömmer du dig bort när chefen går igenom fjolårets utvärderingsanalys på möten som du sedan länge intecknat som tid för återhämtning?

Ibland kan man tycka att kraven på den sociala människan börja te sig en smula abnorma. Den som läser jobbannonser kan lätt bli lite matt. Arbetsgivare drämmer till med kravspecifikationer som:

> *"Din sociala kompetens tangerar det övernaturliga medan din samarbetsförmåga ligger på ett övermänskligt plan. Du är extrem lyhörd och kan uppfatta emotionella nyanser bland döda."*

Om du inte riktigt passar in i beskrivning behöver du inte bekymra dig. De översociala och de mest samarbetsvilliga har bidragit föga till mänsklighetens utveckling. Glödlampan uppfanns inte på någon konferens eller på någon tankesmejdas frukostmöte. Några av världens största bolag – Apple, Microsoft, Facebook m.m. – har skapats av nördar som jobbat mol allena i sina garage, i bästa fall tillsammans med någon annan antisocial nörd. Var hade världen varit idag om dessa herrar hade sprungit på konferenser och tebjudningar?

Nä, glöm sociala och emotionella kompetenser. Vill du bidra med något vettigt på din arbetsplats gör du bäst i att sitta för dig själv en stund. Tänk en egen tanke utan påverkan av sladdrande smatterband eller känslosamma spasmer som kan tolkas till vad som helst. Du behöver inte ha svart bälte i verbalt judo för att bidra.

Jobbannonser borde kanske istället se ut så här:

Din inre kompetens är din största styrka. Du ger dig själv tid till eftertanke och har en god förmåga att sortera dina tankar. Vidare är du målmedveten och fokuserad på en arbetsuppgift i taget. Du är självständig och kan jobba enskilt flera minuter per dag utan symptom på lappsjuka.

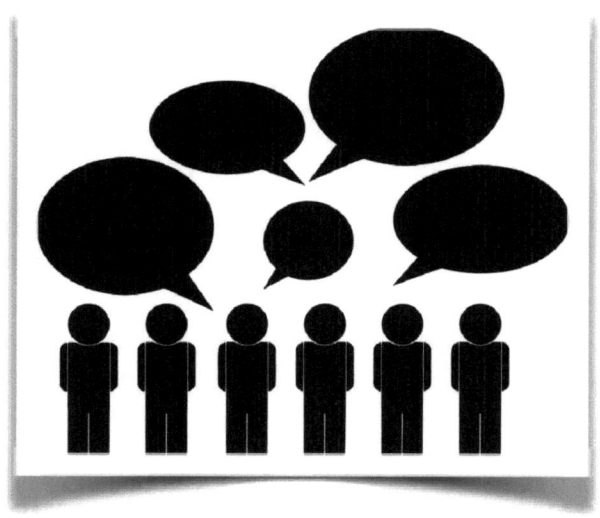

Nationella prov

Det är nu de börjar titta fram. Ljusskygga individer som stapplar fram i den prunkande försommaren. Hålögda, bleka och tärda söker de med flackande blickar förbarmande. De har suttit fjättrade hela våren, därav deras osäkra och trevande steg. Möjligtvis kan en svag strimma av hopp skönjas i deras ansikten.

Nej, det är inte långvården som fått extra pengar till utflykter för sina vårdtagare. Och nej det är inte scener ur någon b-film där zombier har huvudrollen. Det är lärare som just överlevt de nationella proven. De nationella proven lämnar ingen oberörd. Alla har någon form av relation till dem.

SKL lär jubla eftersom de fått ännu ett redskap att kuva den förslappade och överbetalda lärarkåren med. Den som är utarbetad, utsliten och utmattad gnäller mindre.

Prov är något konkret och rejält som alltid har funkat. Den perfekta medicinen mot den socialistiska flumskolan som tog fart redan när klostren övergav det svenska utbildningsväsendet. Bara en av många fjädrar som pryder **Björklunds** hatt. Nu saknas bara realen och husförhören, sen blir det ordning.

Kommunerna har äntligen fått det redskap de saknat. De nationella proven ger ett bra komplement till de egenhändigt ihopsnickrade testerna. Ju mer kontroll och mätning desto bättre resultat. Lägg därtill analyser, utvärderingar och uppföljningskonferenser så är succén given. Hjälpa elever som inte klarar proven? Nja, resurserna tog slut någonstans mellan analyser och utvärderingar.

Massaindustrin gnuggar händerna. De nationella proven sysselsätter inte bara lärare. Även arbetarna i våra svenska pappersbruk jobbar för högtryck. Dock med den skillnaden att de har avtalsenlig lön och en arbetssituation som inte ger håravfall och högt blodtryck. Profiler, analyser, utvärderingar och prov tryckt på svenskt kvalitetspapper ger klirr i kassan för en hel industri. Om inte proven tjänar sitt syfte i skolan ger de åtminstone arbetstillfällen.

Prov, nationella eller inte, fyller så klart en funktion. De kan mäta kunskap på individnivå, organisationsnivå och nationell nivå. Vidare ger de ett bra riktmärke för undervisande lärare. Så visst finns det goda poänger med prov men de löser inte skolsystemets problem på långa vägar.

Så klarar läraren midsommar

1. Ta en rejäl sovmorgon och ta en tupplur under dagen. Det är fortfarande för tätt inpå vårterminen för att du ska vara vaken efter nio på kvällen och dessutom vara social.

2. Kontakt med människor under 18 år är oundvikligt, och att träffa någon som beter sig vuxet är inte särskilt troligt. Barn har antagligen fortfarande en negativ inverkan på dina nerver och blodtryck. Bulla upp med Treo och blodtryckssänkande.

3. Försök att mentalt förbereda dig för att äta ute i det fria trots att det påminner om en skolutflykt. Försök att se det positivt, du har inte ansvaret, du blir inte anmäld till skolinspektionen om någon unge skrubbar knät.

4. Vägra vara lekledare. Det kanske känns naturligt för dina medfestande midsommarfirare att utse gruppens pedagog som ansvarig för lekarna. Du halkar lätt tillbaka i till rollen som lärare och av bara farten uppfostrar du grannens odågor till barn. Det blir lätt sordin på stämningen när du börjar dela ut åtgärdsprogram skrivna på servetter till föräldrarna.

5. Tänk på att tugga maten och att eventuellt alkoholintag delas upp på flera klunkar. Du befinner dig inte i en skolmatsal. Glöm inte heller att du när som helst kan gå på toaletten. Du behöver inte hålla dig eller planera vätskeintag.

6. Diskutera inte din sommarledighet med festdeltagarna. Ingen kommer att förstå och det slutar bara med bultande tinningar och gnisslande tänder.

7. Sill, nubbe, lök, kaffe och skrikande barn hör till midsommaren, men är också anledning till att ditt nyss läkta magsår kan blomma upp. Lite tråkigt att sitta med en tallrik osaltat ris, ett glas vatten och ett par hörselskydd, men magen har knappast hunnit hämta sig från förra terminen.

Är det så illa? Nja är väl svaret på den frågan. Texten är såklart tillspetsad men för några lärare är det betydligt värre. Många blir sjukskrivna p.g.a. dålig arbetsmiljö medan några är på gränsen. När väl ledigheten kommer orkar många helt enkelt inte med något social liv. Vem orkar inte med midsommar nästa gång? Blir det du?

Sex anledningar för lärare att sluta gnälla

Dålig arbetsmiljö
Livet är inte som en reklamfilm för frukostflingor där mamman är glad och euforisk trots mens och en nedfläckad blus. Det livet finns inte, där lyckan ryms i ett Kinderägg, och där pappan möter sin familj på morgonen med ett kritvitt pepsodentleende. Och de rosenkindade och välartade barnen i Bullerbyn? Glöm dem, de är fiction och inget annat. Livet är inte roligare än så här. Varför ska lärarna leva i en lycklig reklamfilm när ingen annan gör det? Hårt arbete är vad som gäller. Så länge du är ledig mer än du jobbar får du vara glad. Glad, tacksam och lojal vore att föredra framför gnäll, gnäll och gnäll.

Dålig löneutveckling
Ja ni har lön. Vad är problemet? Slutar du att peta dig i naveln om dagarna och börjar anstränga dig har du goda möjligheter till en anständig lön på gränsen till riktigt hygglig. Nä, alla kan inte få högre lön. Hur skulle det se ut om alla offentligt anställda slutade leverera välfärd till kraftigt rabatterade priser? Nä, lite samhällsansvar får minsann även lärarna ta. Gnäll bygger ingen välfärd.

Sjukskrivningar
Naturligt urval för den som är klarsynt. De som inte pallar trycker försvinner och kvar står de stresståliga som klarar av att bära välfärden på sina axlar. Att lärare som är hemma så fort de får lite huvudvärk inte begriper detta är trist. Hade de istället tagit sig samman och tagit en Treo hade vi sluppit alla stresshanteringskurser. Nä, upp och hoppa, och släpp snuttefilten. Att gå till jobbet är den bästa medicinen. Gnäll gör ingen frisk.

Dåliga lokaler

Nä, vi är inte jordbruksverket. Hönor, nöt och svin har minimiytor att förhålla sig till, inte barn. Barn är små och får plats i små klassrum. Mögel, dålig ventilation och mörka korridorer härdar den annars så förtappade och bortskämda ungdomen. Så länge vi inte har jordtrampat golv, vasstak, hål i golvet på toaletterna får ska vi nog vara glada. Ta med en pensel och en färgburk på jobbet om det nu är så dåliga lokaler. Det ger mycket bättre effekt än en massa gnäll.

Lärarbrist

Det finns ingen lärarbrist så länge vi har arbetslös ungdom och människor i fas-3-jobb. Det finns gott om lämpliga personer att sätta in och de luckor som inte tillsätts ger eleverna en god möjlighet till att utveckla eget ansvar. Inget att gnälla över.

För mycket administration

Tjat, tjat, tjat. Skolinspektionen och massaindustrin behöver lärarnas pappersexercis. Ett decentraliserat skolsystem kräver sina pärmar. Hur ska vi annars kunna kontrollera lärarna? Finns det inte på pränt har det inte hänt. Det finns ingen anledning att sätta på sig offerkoftan och börja gnälla över lite pappersjobb. Pärmarna som du gnäller över är din livlina. Utan dem är du rökt. Glöm aldrig det. Med det i åtanke fastnar nog gnället i halsen.

Hur svårt ska det vara? Gör ditt jobb, le och sluta gnäll. Tycker i alla fall vi inom SKL.

SKL, Sveriges kommuner och landsting, tycker nog inte så men ibland känns det som att de har en medveten plan att helt enkelt trycka ned lärarna. Är lärare gnälliga? Nä, vi säger ifrån allt för sällan. Det är vanligare att vi jobbar på, jobbar på och jobbar på tills vi får nog och slutar eller blir sjukskrivna.

Lärare sökes akut!

Det börjar bli luckor i lärarleden. Därför söker vi dig, positiva ja-sägare, som biter ihop och förstår att gilla läget.

Du är stresstålig och kan ha många bollar i luften, medan din kommunikativa förmåga gränsar till det övernaturliga. Du bör ha en mångårig erfarenhet av konflikthantering, gärna i mellanöstern. En vaktutbildning eller tjänstgöring inom ordningspolisen är att föredra.

Djupa och breda kunskaper inom psykiatrin och/eller i allmänsjukvården ger förtur. Vaktmästaregenskaper är ett måste. Du är väl förtrogen med kommunal möteskultur där du förväntas prata utan att säga något. Dina förmågor att uttrycka sig i det svenska språket är goda och dina skriftliga formuleringar håller skolinspektionen och advokater på behörigt avstånd.

Vidare är du en person som är van att hålla ett högt tempo. Du anser att huvudvärk och högt blodtryck är ett kvitto på ett väl utfört arbete.

Arbetstiderna är dagtid, kvällstid och helger, samt alla andra tidpunkter på dygnet och veckan. Sommarledigheten ger dig ett fint tillfälle att lära känna dina egna barn och din partner, alternativt hitta en ny partner.

Läraryrket är en livsuppgift som genererar värden, som inte går att värdesättas. Därför bör du betrakta det blygsamma bidraget till lön som en ren bonus. Andra förmåner är fri tillgång på tevatten, Treo och blyertspennor.

Adekvat utbildning krävs, juristlinjen eller byråkratprogrammet, alternativt en lång erfarenhet på ett statligt verk. Viss undervisning kan förekomma. Därför är pedagogisk erfarenhet meriterande.

Vi sätter stort värde på personlighet. Lojalitet, tystnad och tjänstvillighet är ledorden. Eftersom gratisarbete är en del av lärarkulturen bör du ha en bakgrund inom ideella verksamheter.

I Sverige ger vi kvinnor lägre lön. Därför ser vi helst kvinnliga sökande. Gärna unga med utflugna barn.

Märk din ansökan: "Ekonomisk belastning".

Varför det saknas lärare? Ingen aning, vi är lika förvånade som du. SKL.

"Vad gör facket egentligen åt arbetsmiljön?" frågade jag en av våra fackrepresentanter för några år sedan. "Vad gör du?" fick jag till svar. Jag gick hem, funderade och skrev en insändare till Östersundsposten.

Den första insändaren fick stor spridning så jag skrev en till, "Lärare sökes akut!". Några dagar senare ringde en reporter från Östersundsposten. Han berättade att de firade. Tidningens digitala version hade slagit besöksrekord. När de granskade siffrorna visade det sig att en viss insändare stod för en stor del av rekordet.

Insändaren fick sanslöst stor spridning via sociala medier. Så stor spridning att självaste Sveriges kommuner och landsting, SKL kändes sig manad att svara, men hur svarar man en insändare som löper amok i sociala medier? Svårt naturligtvis. De gjorde ett försök på sin egen blogg. Varför måla upp en dålig bild av skolan? blev svaret. De förstod aldrig att kritiken var riktad mot dem.

Jag anser med bestämdhet att SKL bär en del av ansvaret för lärarnas dåliga arbetsmiljö. Problemen i skolan måste lyftas för att kunna åtgärdas. Enligt mig är SKL:s svar oftast att lyfta de goda exemplen. Raka motsatsen mot vad jag sysslar med. Det är naturligtvis inte dumt att visa goda exempel, men vi kan inte sopa problemen under mattan och endast §glädjas åt de skolor där arbetsmiljön är god. Det finna många väl fungerande skolor och kommuner men allt för många skolor och kommuner som inte fungerar. Vi har en lärarbrist av en anledning och det handlar inte bara om lön.

Östersundsposten då? Deras ägare blev förstås glada, besökare betyder klick som betyder annonsintäkter. Så glada att insändaren publicerades i flera av mediabolagets andra tidningar. Vilka och hur många har jag ingen koll på.

Det är lärarnas fel

De är arbetsskygga, obildbara och gnälliga samtidigt som de gapar efter högre lön och mindre arbete. Det är dags att ta itu med den svenska skolans surdeg, lärarna.

Det krävs knappast någon doktorsavhandling eller någon statlig utredning av större format för att klargöra att det mesta här i världen är lärarnas fel.

Ungdomens moraliska förfall

Kepsar, nonchalant uppträdande och språk som får gamla sjöbusar att rodna har blivit normalitet bland den förtappade ungdomen. Här har skolan sedan länge resignerat och hissat vit flagg. Den uppstramning och sociala bildning som ungdomen så väl behöver struntar lärarkåren fullständigt i. Att Idol och Paradise hotel med kränkningar som affärsidé skulle påverka Sveriges unga är bara illvillig propaganda från missnöjda lärare som aldrig fick vara med i TV. Alla programledare som svär, gapflabbar och ta upp onödigt medieutrymme med sina förpubertala beteenden har självklart inte heller någon nämnvärd påverkan. Föräldrarna gör så gott de kan och kan inte heller lastas för den moraliska dekadensen.

Lärarbristen

Genom lärarnas ihållande gnäll och tycka-synd-om-mig-mentaliteten har unga förmågor skrämts bort från skolan. Så fort det blir lite motigt bränner lärarna ut sig, om de inte hinner säger upp sig innan. De som blir kvar sitter i fikarummen med snuttefiltar och söker tröst i alla väderstreck. Att det skulle vara låga löner och omänskliga arbetsförhållanden som skapar lärarbristen är bara nys som hör till fablernas värld. Det är inget annat än propaganda från lärarfacken.

PISA-fiaskot

Vilka är det som står med pekpinnen i klassrummen? Politikerna, föräldrarna, tjänstemännen, forskarna eller SKL? Nä, det är lärarna och inga andra. Hur svårt ska det vara att få ungar att böja några verb och rabbla gångertabellerna? Istället för att kavla upp ärmarna och börja undervisa sitter lärarna och gnyr i jämmerdalen medan de tycker synd om varandra. Om de bara la hälften så mycket energi på att undervisa som de gör på att hitta på ursäkter för de dåliga resultaten hade PISA varit Sveriges paradgren.

Gnället om diagnoser, besparingar, bristande föräldraansvar, onödig dokumentation, låg lön, hög arbetsbelastning, politiska inkompetens, kommunaliseringen och är inget annat än dåliga ursäkter.

I ett samhälle där individualism har blivit religion kan det tyckas vara märkligt att det alltid är någon annans fel, oftast samhället. Samhället är skolan, skolan är lärarna. Alltså lärarnas fel.

Folktandvården då?

"Blaming teacher for the problems in education is like blaming doctors for people getting sick."

Someecards

Betalar man hög skatt ska väl ungarna för böveln kunna läsa när man hämtar igen dem i juni? Ungefär som att lämna bilen på verkstad och betalar dyra pengar. Då ska den funka när jag hämtar den. Klart det är lärarnas fel när ungarna är dyslektiker och matematiskt underbegåvad.

Jo, och är det missväxt är det böndernas fel att de inte får in skörden. Och ännu mera jo, det finns antagligen lärare som borde göra annat, men att en hel yrkeskår skulle drabbats av total inkompetens verkar högst osannolikt.

Faktorer som styr en elevs framgång är åtskilliga. Läraren är en av dem och en förutsättning för lyckad skolgång.

Skolan träffar Sveriges alla barn och ungdomar. Klart att det är skolan som ensam ska lösa allt. MEN det gör ju folktandvården också. Kanske dags att tandläkarna börja snacka samhällsproblem med ungdomen.

Gnäller lärare för mycket?

Farligt att vara lärare ibland. Hot, våld, stress och överkonsumtion av Treo. Riskerna är många för en stackars pedagog som försöker att göra sitt jobb som borde bestå mestadels av undervisning.

Eller gnälls det för mycket? Råder det en tycka-synd-om-mig-mentalitet i skolorna? Är det inte bara att rycka upp sig, svälja undan Treon och gå till jobbet? Du väljer ju arbetsglädje. Det finns ju inte något utrymme för bittra undergångsprofeter som gnäller över ljummet kaffe och för korta pisspauser.

Det kan ju vara så att vi bara gnäller en massa över småsaker. Att sjuktalen bland lärare ökar och lärarbristen tilltar kan ju bero på andra saker än usel arbetsmiljö. Vem vet, kan ju vara dåligt väder, kass skolmat eller svagt kaffe som gör lärare sjuka och flyktbenägna.

Har lärare superkrafter?

Talang, gåva eller inlärt? Det spelar ingen roll hur du tillägnar dig dem. Det här skills du lär behöva:

Hålla dig längre än fem timmar. Toabesök är inget för den ambitiösa läraren, inte för någon annan lärare heller.

Inta lunch inklusive kaffe under 14 minuter. Hemligheten är att hälla upp kaffet före intag av mat. Ljummet kaffe kan svepas på väg till klassrummet.

Tekniskt kunnande som tangerar en ingenjörsutbildning. Kopiatorer, nätverk och häftapparater, alla konstruerade att få upp blodtrycket för läraren. Självklart står du ensam med eländet.

Social kompetens som gränsar mot det övernaturliga. Läraren ska bygga relationer åt alla håll. Som den servicepersonal du är bör du vara alla till lags.

Nerver av stål och ett psyke av ännu hårdare stål. Din mentala hälsa sätts på hårda prov 24 timmar om dygnet. Alla har åsikter om hur du ska sköta ditt jobb. Något du får veta på alla tänkbara kommunikationsvägar.

Har du inte förmågorna yrket kräver? Var inte orolig. Det är ingen som har det. Det är ett felande skolsystem som kräver mer av dig än någon människa klarar av. Ta det lugnt, var dig själv och gör det du hinner på 45 timmar utan att stressa. Världen går inte under bara för att du tuggar din lunch och dricker ditt kaffe hett.

Är du digitaliserad?

Flippa klassrummet, dela ut iPads, blogga, twittra och programmera om kaffemaskinen, då har du extra slantarna i en liten ask, kanske rent av en förstelärartjänst.

Det gäller att ligga i den digitala framkanten även om kommunen nyligen gjort sig av med faxen och köpt in ett par surfplattor till varje skola. Är du skicklig fixar du den digitala undervisningen trots gammal och krånglande teknik. Lyckas du dessutom bemästra kommunens omdömeslösa it-system för binära IUP.er blir du odödlig.

Jo, digital utveckling behövs i klassrummen. Men barn är i lika stort behov av analoga vuxna i realtid. Det borde vara värt lika mycket. Försök att plåstra om ett barn online eller ge en digital tillrättavisning. Det kanske inte är så dumt att vara lite analog emellanåt.

Att vara en smula analog behöver inte betyda att du måste använda fax, rörpost eller flaskpost. Men att twittra 140 tecken på lika många hundradelar av en sekund till en hög med människor du inte känner som antagligen tycker lika som du, låter inte heller särskilt smart. Kanske därför folk blir kränkta så fort likes uteblir eller någon säger emot. Hur kränkt blev du om ingen gillade din flaskpost? Lite uppförsbacke på Twitter och man blockar och sluter sitt åsiktsfilter ännu tätare kring sig som en snuttefilt.

I skolan, eller någon annanstans i världen, finns ingen snuttefilt att vira in sig i. Där måste man stå för vad man säger, mötas av motargument och ibland ändra åsikt. Jobbigt det där med kommunikation.

Digital konsumtion, kommunikation och umgänge kräver ibland analog bildning.

En inte helt ovanlig kommentar framför skärmarna från den osäkre nätsurfare:

Det är ju bedrövligt. Nu har de nedrans islamerna snott lingonsylten för våra stackars pensionärer. Dela för böveln.

Innan du delar inlägg förutsättningslöst kanske du borde läsa en och annan bok, utbilda dig och lyssna på din lärare. Det kan låta tråkigt och rent av jobbigt men det är direkt nödvändigt om du vill fortsätta klicka dig fram i ett fritt internet i ett ännu friare land. Demokrati är inget man får i ett flingpaket. Det är något du måste anstränga dig för. Utan bildning finns det alltid någon som vill blåsa dig på dina pengar, dina rättigheter och ditt Netflix-abonnemang.

För demokrati behövs bildning, för bildning behövs lärare både analoga och digitala. Lite oroväckande då att lärarna börjar ta slut både i antal och mentalt.

Maj - vår, grönska och utmattning

Sköna maj är en härlig tid. Värme, grönska och ljusare kvällar. Livet leker om du bortser från betygssättning, omdömesskrivning, nationella prov och total utmattning. Slitet från läsåret börjar ta ut sin rätt och din kaffekonsumtion ligger på årshögsta. Även om du börjar skönja ljuset i tunneln och är förvissad om att det inte är ett mötande tåg är du rejält trött.

Att börja räkna ned dagarna till sommarlovet redan i januari är inget att skämmas över. I maj räknar du antagligen timmar. Det är heller inget konstigt att du har tagit bort chefens telefonnummer från din mobil bara för slippa frestelsen att ringa och säga upp dig på måndagsmorgnarna. Maj gör sådant med en lärare.

Det betyder inte att du är en dålig, känslokall, slöfock till lärare bara för att du längtar till sommarlovet och gärna ser en paus i undervisning och elevfostran. Det är helt okej i maj. För i maj är det helt i sin ordning att gå omkring med tankar i stil med; att låsa in sig ensam i en jordkällare någonstans i Norrlands inland långt från elever, föräldrar och övrig civilisation. I maj är det mesta fullt normalt.

Om du närde en dröm om tindrande barnaögon, pedagogiska hjältedåd och tidiga fredagseftermiddagar i i början på läsåret är de drömmarna antagligen söndersmulade till oigenkännlighet. I maj handlar drömmarna om helt andra saker, till exempel att ta dig till sommarlovet i hyfsat skick utan överdrivet intag av blodtrycksmedicin, Treo och kaffe.

Tio trötta lärare

Tio trötta lärare tog sina klasser på skolbio, en fick ett nervöst sammanbrott så blev det bara nio.

Nio trötta lärare jobbade utan måtta, en brände ut sig så blev det bara åtta.

Åtta trötta lärare sa "Vi protesterar nu!", en fick sparken så blev det bara sju.

Sju trötta lärare ville fika kaffe och kex, en somnade så blev det bara sex.

Sex trötta lärare tog med sig allt jobb hem, en storknade så blev det bara fem.

Fem trötta lärare hade för låg lön för att betala sin hyra, en bytte yrke så blev det bara fyra.

Fyra trötta lärare ville en förändring se, en gick i pension så blev det bara tre.

Tre trötta lärare ville kunskapsmålen nå, en var obehörig så blev det bara två.

Två trötta lärare rättade prov i månens sken, en hade sömnsvårigheter så blev det bara en.

En trött lärare ensam var, han fick piller utskrivna så var det ingen kvar.

Skolavslutning

Skolavslutning och folket börjar plötsligt att vurma för skolan och svenska traditioner. Föräldrar som aldrig annars sätter sin fot i kyrkan eller ens kan stava till något heligt blir kränkta å det grövsta om avslutningen inte sker i kyrkan.

Historier om hur barn blivit traumatiserade eftersom de har förvägrats sjunga nationalsången på avslutningen sprids på sociala medier. Rena lögner men vad gör det när det är av så upprörande dimensioner.

Föräldrar som aldrig någonsin engagerar sig i skolan rasar när de inte får se sina barn röra på läpparna till våra psalmer. Att de varken kan sjunga eller ens nynna till vårt "hotade" kulturarv är det ingen som bryr sig om.

Skulle den svenska flaggan av någon anledning inte hissas fort nog är rektorn en Sverigefientlig muslimkramare som vill införa arabiska som statsreligion.

Och självklart upprörs många av den där skolan som tvingar barnen att bära etiopiska folkdräkter på skolavslutningen. Var den skolan ligger vet ingen riktigt men det stod ju på Facebook så det måste ju vara sant.

Det finns bara ett botemedel mot vanföreställningar, idioti och rädsla för andra och det är utbildning.

Fyra orsaker till att lärare inte gillar skolavslutningen

Vikarierande ungdom i matematik, trist men det ordnar sig. Slitna och mögliga lokaler, inte roligt men det funkar. Kunskapsras i de flesta ämnen, hårt men ungen har ju en smartphone. Inte fira avslutning i kyrkan?! Vad ända in i h-vete, nu blir det skolinspektionen!

För föräldrar är skolans absolut viktigaste dag skolavslutningen. För lärare är situationen en annan. Därför gilla inte lärare avslutningsdagen:

Kyrkan
Kyrka eller inte kyrka, det är frågan. Firar vi i kyrkan blir skolan anklagad för att vara diskriminerande mot muslimer. För de flesta muslimer går det bra att bevista kyrkan. Oftast är det någon helyllesvensk, som senast satte sin fot i skolan då flourtanten var aktiv, som gnäller. Firar vi inte i kyrkan blir skolan anklagad för att vara mot Sverige, svenska traditioner och allt som hör till Sverige, inklusive att kräkas i en buske på midsommarafton. Kränkta föräldrar hör av sig och uttrycker sin förtvivlan över att inte få uppleva sina barndoms skolavslutningar. Att dessa föräldrar aldrig annars går till kyrkan har inte med saken att göra.

Avslutningslåt
Nationella prov, utflykter, brännbollsturneringar och allt annat som hör till maj kan sätta vilken blodtrycksmedicin som helst på prov. Att dessutom försöka träna in en låt som ska sjungas på avslutningsdagen är en smula för mycket. Eftersom ett par hundra telefoner spelar in sångnumret ska det helst låta bra också. Det räcker alltså inte med att

du har lyckats fått din klass att stå stilla tillsammans i mer än 3 minuter.

Släkten
Oftast finns en begränsning för hur många det går att trycka in en aula eller kyrka. Att neka en gammal farmor eller en skrikig kusin kan få svåra konsekvenser för ditt relationsbygge. När dessutom bonusfamiljemedlemmar ska med blir det snabbt trångt. Och självklart är det skolans fel att kyrkan byggdes för liten.

Facebook
Självklart ska avslutningsdagen upp på Facebook med hundratals bilder som gillas slentrianmässigt av alla som inte vill kränka sina vänners barn genom att ignorera bilderna. Att som lärare i det läget be om fotoförbud eller åtminstone publiceringsförbud är förenat med stora risker. Facebook är en mänsklig rättighet och hur har du mage att förvägra farmor att i realtid lajka bilderna när du förbjöd henne att delta på skolavslutningen.

Självklart gillar lärare skolavslutningar. Det är en fin tradition som vi ska värna om. Problemet är att skolavslutningen har blivit en för stor fråga och inte längre vara en tradition då elever och lärare tog farväl av varandra. Det har märkligt nog blivit en jättestor grej av ynkliga 40 minuter.

Saxat från Facebook

Följande texter är publicerade på Facebook som statusuppdateringar, ibland tillsammans med bilder som andra delat. Eftersom jag är osäker på rättigheterna till bilderna och inte har råd att anlita en jurist eller betala skadestånd till någon tecknare i USA väljer jag att inte publicera dessa bilder här.

Möten

Möten med föräldrar, möten med skolpsykolog, möte med specialpedagog, möte med rektor och möte med föräldrar igen. Kanske inte helt oviktiga möten men tänk om du la all den tiden till att möta eleven. Hur ofta ägnar du dig åt en elev enskilt i två timmar? Inte särskilt kostnadseffektivt skulle kommunens ekonomer tycka. MEN att sitta och diskutera samma elev i ändlösa möten med psykologer, kuratorer och alla andra som vill ge dig goda råd är inget ekonomiskt problem. Då saknas det inte resurser.

Trist när kroppen inte samarbetar

Innan du trycker i dig sömnpiller eller laddar ned havsbrus med delfinsång som insomningsmedel bör du fundera på varför du snurrar som en propeller i sängen och inte kan sova. Är det diagnosbarn, IUP:er och lättkränkta föräldrar som löper amok i ditt huvud och håller dig vaken? I så fall är det inte sömn i pillerform eller kommunens stresshanteringskurser som är lösningen på dina bekymmer. Felet ligger inte hos dig. Är skolsystemet sjukt är det du som åker på symptomen. Sömnlöshet är ett av dem.

Stökiga barn

De har diverse diagnoser, de spottar och svär och de har större egon än vad du har plats i ditt klassrum. Kan tyckas bedrövligt. Men glöm inte att om du kritiserar barnen kritiserar du vuxenvärlden, samhället, skolan, föräldrarna, idrottsklubbarna, politikerna och förmodligen även folktandvården.

Lägg till lite mer av allt så blir allt bra

Rör sig ungdomar för lite? Lägg till mer idrott i skolan.

Räknar ungdomar lite väl kreativt? Lägg till mer matte i skolan.

Uppför sig ungdomar illa? Lägg till mer livskunskap i skolan.

Förstår inte ungdomar rättvisa? Lägg till mer demokratiundervisning i skolan.

Röker ungdomar? Lägg till mer undervisning om hälsa i skolan.

Har ungdomar en skev syn på sex? Lägg till mer sexualundervisning i skolan.

Hamnar ungdomarna i lyxfällan? Lägg till mer samhällsvetenskap i skolan.

Smälter isarna? Lägg till mer miljömedvetenhet i skolan?

Har samhället bekymmer? Lägg till mer av allting i skolan.

Mer, mer och ännu mer, och gärna lite till. Blir allting verkligen bättre av att lärarna springer fortare?

Jo, självklart har skolan ett tungt ansvar i många av frågorna,
men en smula hjälp av andra kan inte skada.

Vill du ha mer av någonting i skolan måste du tyvärr betala för
det. Det går inte att räkna med att lärarna ska springa fortare.

Ensam är stark, eller utbränd

Förutom goda råd, utredningar och kvällskurser i diagnoshantering
står du för det mesta utan hjälp klassrummet. Möjligtvis får du en
resurs i form av någon arbetslös ungdom vars anställning i procent
inte överstiger procenten i ditt vinglas en fredagskväll. Trots det, och
trots att många elevers hjälpbehov ligger långt bortom din utbildning
och expertis, förväntas du möta, undervisa och fostra alla elever
oavsett behov och mående. Gärna så många som möjligt och gärna
utan att gnälla så mycket. Är du en särskilt skicklig lärare ska det ju
inte vara något problem.

Det där med att läsa, ska det vara roligt det?

Nä, det räcker inte med att kunna läsa felstavade statusuppdateringar
och främmande ölsorter på menyer. Ingen föds med läsintresse. Det
krävs tid, kraft och vilja att bygga upp en nära relation med böcker.
Och jo, det är ansträngande i början, riktigt jobbigt och det blir inte
lättare när böcker i hemmet är lika sällsynta som lärare i fikarummet
i maj.

Du är viktig, men världen går inte under utan dig

Svårt att prioritera bland dina yrkestitlar? Eller börjar din sjukdomsbild få schizofrena inslag när du inte riktigt vet vilka, eller hur många, huvudroller du har på skolan. En skola som mest liknar en tragikomisk dokusåpa?

Ta ett djupt andetag, ställ ifrån dig treotuben och följ skrivbordspedagogens enkla råd så ordnar det sig nog.

Det finn tre saker du måste göra:
1. Planera lektioner
2. Genomföra lektioner
3. Utvärdera lektioner

Har du tid kvar av dina 45 timmar gör du allt det andra. Skolvärlden (Lärarnas riksförbunds månadsmagasin) skriver om lärare och moralisk stress. Inte riktigt alla har förstått att man inte planerar en lektion, river av den och sen går några hål på golfbanan. Kidsen är inte bara några personnummer som ska ha ett omdöme eller betyg. Bakom varje rättningshög ligger en klassuppsättning livsöden som är beroende av just dig. Klart att sånt tär på nerverna.

MEN, och här kommer ett stort MEN, inga livsöden fördärvas för att du är hemma med feber några dagar. Bussarna fortsätter att gå, världen går inte under och kollegorna överlever även om du är hemma.

Inga elever är hjälpta av att du ligger i ångestpsykoser på nätterna och grubblar ihjäl dig över deras livsöden. Inte en enda elev klarar sig bättre bara för att du trycker i dig dubbel dos Treo, en halvliter kaffe och blodtryckssänkande innan du går på jobbet.

Ta hand om dig. Dina elever behöver dig i stridbart skick, inte i ett vandrande komatillstånd

Inkludering

Alla ska med, alla ska inkluderas och alla oavsett behov ska undervisas av klassläraren. En eller två elever med särskilda behov går väl an, kanske en tredje. Men hur många extra anpassningar, åtgärdsprogram och anpassade studiegångar får plats i en lärares huvud?

Vad händer när klassläraren redan har tre möten i veckan med elevhälsan och har gått alla kurser som handlar om samtliga diagnoser, både för vetenskapen kända och okända?

Vad händer när klassläraren bara får hjälp av någon efterpubertal ungdom som ser sovmornar som en mänsklig rättighet?
Vad händer då?

Sjukskrivningar, branschbyte och lärarbrist är kanske ett svar som ligger ganska nära sanningen. Sömnlösa nätter, huvudvärk, högt blodtryck och ohälsosamt hög kaffekonsumtion är nog inte heller så långt från sanningen.

(Jo, alla barn ska erbjudas plats i skolan, men alla behov kan inte tillgodoses av en sliten klasslärare, en arbetslös ungdom och dubbla doser Treo.)

Lärare får ofta höra att de inte bryr sig om eleven när de kritiserar inkludering. Självklart ska alla barn inkluderas i den svenska skolan. Men det går inte att begära att detta ska ske på bekostnad av lärarnas hälsa.

Var glad och säg ja

Förstelärare, lönelyft eller en parkeringsplats med gångavstånd från ditt klassrum. Lockelserna att pressa sig till det yttersta är många. Inte ska man gnälla när kommunen vill testa dina pedagogiska förmågor genom att stoppa in några elever till i ditt fulla klassrum. En timma extra efter stängning, dubbel dos Treo och en karta sömntabletter sen är det bara hämta det extra lönekuvertet.

Skulle du inte lyckas med ännu fler elever, uppdrag och ansvar är du kanske inte så bra som vi alla trodde. Bäst att inte misslyckas. Alla andra verkar ju fixa det.

Eller också säger du NEJ. Nej är ett enkelt och billigt sätt att hålla sig på benen och må bra. Om din kollega är en superpedagog som ständigt är förberedd, oförskämt pigg och alltid på strålande humör bör du delge dina sympatier. Smällen mot väggen lär bli kraftfull.

Hemmasittare?

Idag dök 38 391 stycken inte upp på skolan. Frånvaron ökar i skolorna samtidigt som det aldrig har varit viktigare att komma till skolan. Istället för att gå till skolan sysslar de med andra saker. Nej, det handlar inte om hemmasittare, skolkare eller morgontrötta elever. Det handlar om lärare. 2015 fanns nära 40 000 lärare yrkesverksamma i andra branscher än skolan. Hälften av dem kunde tänka sig komma tillbaka om, och här kommer ett stort OM, arbetsmiljön blir bättre.

Låter dyrt det där med att förbättra arbetsmiljön

– Förbättra arbetsmiljön lät dyrt och jobbigt. Nej, vi åker till busstationen och anställer den som är minst full istället.

– Va! Har 38 000 lärare lämnat yrket? Har ytterligare några tusen bränt ut sig? Finns det lärare som räknar varenda pensionspeng två gånger varje dag för att hitta möjligheter till några dagars tidigare pension? Varför har ingen sagt något?

När en lärare försöker beskriva sin arbetsmiljö är det inget annat än kvalificerat gnäll. Kan ju inte annat vara när de har så långt sommarlov. Det är först när lärarna packar sina pinaler och visar ryggen som folk börjar förstå. Men då är det försent.

Här dök det upp lite fakta. Siffrorna är Lärarförbundets.

Vad kommer på provet?

Arbetsmoral, lojalitet, noggrannhet, punktlighet och förmågan att pallra sig ur sängen även när det är november och det är lite motigt. Viktiga egenskaper för den arbetssökande, men inget som kommer på något prov. Skönt.

Däremot ska eleverna kunna föra nyanserade, välutvecklade och väl underbyggda resonemang kring egna erfarenheter i ett resultats rimlighet i förhållande till problemsituationen samt ge alternativa tillvägagångssätt. Det kommer definitivt på provet. Skönt.

Kan vi skylla på den förtappade ungdomen?

När huvudvärken smyger sig på och blodtrycket passerat övre gränsen för vad sjukvården anser hälsosamt är det lätt att ondgöra sig över elevmaterialet i klassen. Ouppfostrade odågor med osociala färdigheter och studieblyghet utöver det vanliga kan driva dig till vansinne.

När din trötthet räddar dig från att slänga ut datorn genom fönstret, efter ännu ett ilsket mail från någon förälder vars barn blivit kränkt av din betygsättning, är det lätt att ondgöra sig över det svenska inkompetenta föräldraskapet.

Då är det lätt att glömma bort att det är skolsystemet som är skevt och fullt med brister. Det är skolsystemet som har gett föräldrarna makten över undervisning, lärare och deras huvudvärk. Det är skolsystemet som struntar i barn med särskilda behov, lärares arbetsmiljö och deras höga blodtryck.

Vi har de barn vi förtjänar. De gör så gott de kan med den uppfostran och utbildning som står till buds.

Klart det är lärarnas fel

Inte vill man förstöra fredagsmyset och hockeyträningen med fostran. Jag betalar ju för böveln skatt och har min rättigheter. Klart man brinner av när sonens lärare gnäller om dåligt uppförande. Min sons dåliga uppförande säger mer om lärarens ledarskap än om grabbens attityd. Dessutom har grabben rätt till höga betyg. Ska man behöva förklara skollagen för skolan. Samhället ska ju jobba för mig och min familj, inte mot. Hur hjäper ett F min son?

"To be a good teacher means to love what you teach and who you teach"

Vackert som en solnedgång. Bara man är generös med kärlek till de utmanande små liven så ordnar det sig. Kramar, förståelse och varma leenden kan rädda vilket barn som helst som befinner sig i social utförslöpa och har ständiga aggressionsutbrott.

Efter en vecka i grundskolan inser du att budskapet om ovillkorlig kärlek till ditt arbete bara fungerar med viss tvekan i Bullerbyn. Ganska snart ropar du efter psykologutredning, assistent och medicinering. Efter en termin inser du att du näst intill står ensam med alla anpassningar, åtgärdsprogram och utåtagerande barn samtidigt som din kärlek knappt räcker till kaffeautomaten.

Jo, självklart blir det svårt att undervisa om du inte tycker om dina elever, och självklart behöver barn kärlek. Men, och här kommer ännu ett stort MEN, lärare undervisar och föräldrar älskar.

Du är ingen dålig lärare när söndagsångesten sätter in och du undrar hur du ska överleva veckan med alla dina inkluderande anpassningar i klassen. Du behöver inte älska elever, undervisning eller kommunala blanketter för att vara en bra lärare. Det kan ju vara så att skolsystemet gör din vardag lite svårare att älska, om du inte jobbar i Bullerbyn förstås.

Varma leenden och förståelse är naturligtvis en förutsättning för att lyckas i relationen med dina elever. Läraryrket är bitvis tungt och periodvis riktigt kämpigt. Du behöver inte gilla varje del i yrket men gillar du inte att vara lärare bör du byta yrke. Dock räcker det inte med ett käckt humör, kärlek och goda intentioner för att hjälpa elever.

Smartast i grannskapet?

Utbildning, kunskap, disciplin, tålamod, misslyckanden, läxor, vetenskap och böcker. Jobbiga saker det där, men ska du ha ut något av internet mer än bara en saftig abonnemangsavgift är bildning enda vägen. Jo, det finns bilder och youtubekanaler som inte kräver vare sig bildning eller läskunnighet. Men vill du inte bli en passiviserad zombie som masskonsumerar lögner från höger till vänster bör du lyssna på din lärare som lär dig att omvandla information på nätet till kunskap.

Du är inte smartast i grannskapet bara för att du ha flest megabit per sekund i luren.

Roligare undervisning

– Kastar han limstift i huvudet på andra barn? Konstigt det gör han aldrig hemma. Måste bero på skolan. Han kanske tycker att dina lektioner är tråkiga. Har du funderat på att göra dem roligare?

Innan du smäller i dig dubbel dos Treo, låser in dig på toaletten och dunkar huvudet i väggen lika många gånger som du har år i kommunen bör du överväga följande svar:

– Roligare undervisning? Det här är inget tivoli där lektionerna är åkattraktioner. Den ena roligare än den andra. Då kanske Cirkus kul och bus är ett alternativ för er. Och nej, vi kommer inte att sakna hans skolpeng. Den täcker inte på långa, vägar upp de kostnader vi har för extra samtal, Treo och limstift. De andra eleverna? Jo, de lär sig och lyckas bra i skolan, när de inte får limstift i huvudet.

Nej, så bör du inte svara. Vill du ha jobbet och hälsan kvar bör du nog svara som vanligt: självklart är det skolans fel. Vi utreder min undervisning och skriver en anpassning. Självklart kommer jag att gå några extra kurser i hur man gör undervisningen roligare för limkastande barn.

Är det du eller skolsystemet som är problemet?

Undervisningen kan vara tuff ibland, utmaningarna svåra och toalettbesöken sällsynta. Diagnoserna kan bli lite väl talrika och ställa lite väl höga krav på din inkluderande pedagogik och simultanförmåga.

När undervisningen är tuff behöver det inte betyda att det är DU som sitter på bristerna. Det kan ju vara skolsystemet, kommunen eller Fridolin som inte lyckats skapa en dräglig arbetsmiljö.

Så innan du går på kommunens stresshanteringskurser eller knaprar i dig psykofarmaka bör du fundera på om det är du eller skolsystemet med sin bristfälliga arbetsmiljö som behöver hjälp.

Ifrågasättande trots

Barn och ungdomar trotsar, ifrågasätter och sätter sig på tvären. Som lärare måste du lägga ned energi på att förklara varför man inte ska hänga i gardinerna, följa trivselregler och inte äta lim. Inte till hela klassen utan självklart enskilt. I det individuella tidevarv vi lever i tror de flesta att regler gäller alla andra utom just mig. Med hundra olika anpassningar i skolan är det inte svårt att få för sig att alla har specialskrivna regler på individnivå. Och jo, vi vill så klart ha självständiga ifrågasättande medborgare. Problemet är att så fort de når vuxenålder förvandlas de till passiva massmediakonsumenter som delar vidare diverse lögner på Facebook utan det minsta tillstymmelse till ifrågasättande.

Inte ska väl alla lärare har bra lön?

Är du framgångsrik? Brukar du få den där extra hundralappen när lönen kryper upp några snäpp? Får du ryggdunkar och applåder i korridoren när du lämnar lektionen? Samlar klassföräldrarna in pengar till en kortare semesterresa till dig varje skolavslutning? Roligt för dig i så fall. För alla oss andra kan det vara bra att veta all möda, slit och huvudvärk ger framgång som inte kan mätas i pengar eller likes på Facebook. Dina framgångar sätter sig i eleverna. Det är inte alltid det syns och det är för det mesta omöjligt att mäta eller jämföra. Därför borde ALLA lärare få en bra lön, hyggligt kaffe och en kamratlig ryggdunk lite nu och då.

De dåliga lärarna då? De ska väl inte få högre lön? Nej, de dåliga lärarna bör göra något annat, vilket de ofta gör efter några år i branschen.

Anpassade omgivningar

Anpassa dig eller dö. Darwin var mycket tydlig på den punkten. Allt liv måste anpassa sig till rådande omständigheter annars dör arten ut, utan några som helst undantag. Det gäller såväl den moderna människan som den lilla amöban. Så länge du inte tänkt leva som en enstöring på en kobbe i skärgården bör du anpassa dig till sociala regler, lagar och moder natur. (Jo, visst kan man sticka ut men vill du inte sitta själv i fikarummet bör du gör det med måtta.)

I den svenska skolan är det tvärtom. Där ska rådande omständigheter anpassas till eleverna. En klasslärare ska helst ha 30 personligheter och ungefär lika många lektionsplaneringar. Oavsett behov ska klassläraren slänga fram en unik IUP på finaste papper och gärna undervisa sin klass en och en.

Vore det inte bättre att lära eleverna att anpassa sig till undervisningen? Där ute i verkligheten långt bort från trygga IUP:er och curlande föräldrar finns ingen anpassning, om du nu inte tänkt sitta på en kobbe och äta enbärsris i resten av ditt liv förstås.

Naturligtvis ska vi hjälpa alla elever och självklart måste undervisningen anpassas emellanåt. Men någonstans måste vi lära eleverna och kanske även oss själva att vi alla ingår i ett sammanhang där anpassning är en förutsättning för framgång. Ensam är inte stark och det är inte roligt att sitta på en öde och bara ha moder natur att anpassa sig till.

Vem har bäst skolreform?
Ibland blir det fel och ibland undrar man om det finns en intern tävling bland skolpolitiker? Vem kommer på den mest korkade skolreformen? Verkar som att det finns många som ligger bra till i den tävlingen.

Att införa fler undervisningstimmar när det är lärarbrist är som att spä ut en redan svag saft med ännu mer vatten.

Obligatorisk lovskola för de som inte klarar målen funkar säkert bra för de omotiverade och ohjälpta stackare som hamnat snett i vårt dysfunktionella skolsystem.

Satsa på kvalitet? Nä, då vinner man inga tävlingar på utbildningsdepartementet.

Digital ondska

Nu ryms allting i en liten telefon. Tekniken är fantastisk ända tills du ska använda den under en lektion eller när du ska skriva åtgärdsprogram. Då drabbas du av buggar, virus och ren digital ondska. Helt plötsligt är skärmen svart, internet borta medan djävulska kärringknutar dyker upp på laddsladdarna.

Och lika självklart som att tekniken ska bråka med dig när det verkligen gäller funkar allt klockrent så fort någon datorkunnig kommer till undsättning.

Vad var det värsta som kunde hända för 20 år sedan? Att overheadbilden hamnade upp och ner? Det kanske inte var bättre förr men nog var Treo, Losec och nervösa sammanbrott betydligt sällsyntare i fikarummen förr.

Är lärare viktiga?

Trump, Putin, alternativa fakta, fejknyheter, nättroll, främlingsfientlighet, Paradise hotel och kopieringsmaskiner med bruksanvisningar från helvetet. Skolan har aldrig någonsin varit viktigare. Lärare har aldrig förr varit så viktiga.

Då är det kanske inte läge att snåla med lärarnas löner eller dränka lärarna i arbetsuppgifter.

Och nej! Det finns ingen app där du enkelt och bekvämt i en skön hemmamiljö kan ladda ned kunskap, demokrati eller en kopp kaffe. Det måste du kämpa för.

Så blir du en vinnare i det svenska skollotteriet

Glöm månadspeng, fondsparande och fredagsmys. Pengarna kan läggas på annat som främjar din skolgång. En villa i ett litet finare område ger automatiskt en fribiljett till de förnämligare skolorna. Dessutom undgår du effektivt pöbelns telningar med vad allt det innebär. Diagnoser, stök, kriminalitet och falafel är inget som gynnar din skolgång.

Se till att dina föräldrar ställer dig i kö till flera attraktiva skolor så tidigt som möjligt. För maximal utdelning bör du ställa dig i kö när du skvalpar i mammas mage, inte senare än femte månaden. Ännu bättre är det om du har möjlighet att födas med ett äldre syskon som redan går på en eftertraktad skola. Syskonförtur tillämpas av många skolor.

Fall inte för skolornas reklamkampanjer. Visst kan det kännas lockande med en egen dator, nybakade kanelbullar varje morgon och en riktigt sjyst keps. Behöver en skola locka med kanelbullar finns nog en del i övrigt att önska. Bra betyg kan du i och för sig få ändå och en snygg keps är aldrig fel, men är du ute efter kunskap bör du titta på andra kriterier.

När du har hittat en skola som du tror är rätt häst att satsa på gäller det att få rätt lärare, eller överhuvudtaget få en lärare. Här blir det lite svårare eftersom lärare är oberäkneliga. De slutar, bränner ut sig, blir gravida och kan vara riktigt tjuriga när det gäller betyg av högre art. Har du otur sitter du med svarte Petter i hand, en efterpubertal nittonåring som inte kom med i något arbetsmarknadsprojekt.

Är du ovän med bokstäverna, sitter du på någon diagnos eller är du lite studieblyg bör du hålla **låg profil när du söker skolor.** Då är du och din skolpeng inget som genererar vinst eller gott rykte för skolan. Har du turen på din sida och kommer in håller du god min och hoppas på att betygsinflationen kompenserar den hjälp du inte får.

Texten om skollotteriet kan uppfattas kritiskt mot friskolor vilket den inte är. Många friskolor gör ett fantastiskt jobb men de tillsammans med kommunala skolor ingår i ett skolsystem där det spelar stor roll vilken skola du går på, vilken lärare du har om du ens har en lärare. Brist på likvärdighet i svensk skola är ett bekymmer.

Skolstart

Pigg och nyter, full med arbetsiver och motivation tillräcklig att förändra världen på global nivå. Inga problem är för stora, ingen diagnos för problematisk och ingen dokumentation för byråkratisk. Än finns många blanka sidor i kalendern och än finns framtidstro. Sommarledigheten är slut och det är dags att möta eleverna. Innan du förbereder dig inför det stundande mötet ska du bara:

Skriva arbetsplaner där kommunens gemensamma mål finns förtydligade i din lokala pedagogiska arbetsplan. Självklart minst ett för varje ämne. Är du ambitiös ännu fler. Allt utskrivet i statligt utredningsformat.

Gå på entimmesföreläsningar som av ekonomiska skäl drygats ut till heldagar, föreläsaren debiterar bara heldagar. Ämnena är torrare än fnöske och stoffet tunnare än lönekuvertet.

Skriva en helt ny likabehandlingsplan. Den får naturligtvis inte likna föregående års trekilos-bibba. Nya fantastiska formuleringar ska krystas fram och nya pärmar ska fyllas.

Leta efter möbler. Nya elever kräver fler bänkar och stolar. Du träffar fler kollegor i källare och skrubbar än i fikarummet. Alla är på jakt efter en möbel eller två.

Lära dig årets nya datasystem. Alla dagar under årens lopp som du gått utbildning i nya datasystem räcker snart till en ingenjörsexamen. Tänka sig att det fanns ett till som du inte kände till.

Sitta i diverse möten. Anledningar till möten tycks aldrig ta slut och möteskonstellationer kan kombineras i det oändliga. Aldrig har så många träffats, så ofta och fått så lite gjort.

Städa klassrummet. Golvet är förvisso skinande rent av polish med det är också allt. Allt som inte ingår i städets hårt kontrollerade arbetsbeskrivning får du göra. Möblerna är staplade i ett hörn, diskbänken ser ut som en biologisk forskningsstation och hyllorna är lika dammiga som bibliotekets avdelning för svensk skolforskning. Och plötsligt står eleverna där och du är lika oplanerad som en tonåring på tågluff. Trots att terminen inte har börjat ligger du redan hopplöst efter.

8 lögner i jobbannonser för lärare

Refererar du till dina kollegor när du diskuterar familjeliv? Har du en egen invand plats i soffan som dina kollegor inte gärna använder när du är i närheten? Är det samma skola som gett dig lgr80, lpo94 och lgr11? Då kanske det börjar bli dags att vidga sina vyer och byta arbetsplats.

Letar du efter ett nytt jobb bör du vara på din vakt. Se upp för fallgroparna när du läser jobbannonserna.

Saxat från några lärarannonser och vad de egentligen betyder:

Östansjö välkomnar dig till en kommun på frammarsch där utveckling står i centrum. Vi är en liten kommun med stora ambitioner. Här spirar framtidstro och en positiv anda.

Nja, utvecklingen i centrum backar, men vad gör väl det när vi har ett köpcentrum utanför stan med 1400 parkeringsplatser. Budgetdisciplinen i skolan gör att vi kan utveckla våra arenor och köplador. Det är framtidsanda och positiva satsningar om något.

Ledorden i vårt arbete och förhållningssätt är helhetssyn, engagemang och professionalitet. Vi tar avstamp i en gemensam värdegrund där öppenhet, lyhördhet och demokratiska värderingar genomsyrar vårt arbete som kännetecknas av arbetsglädje, stolthet och tillit.

Värdefulla ord i dubbel bemärkelse. Det kostade kommunen 1,2 miljoner i konsultarvoden för att vaska fram dessa floskler. Under nästa utbildningssatsning ska vi ta reda på vad de egentligen betyder.

Centralskolan är en F-9 skola med 200 elever. Skolan ligger i ett naturskönt område med närhet till skog och sjö, till glädje för både vuxna och barn.

...och den är gratis. Det tackar vi allemansrätten för. Det är bara att ta för sig av naturen, hur mycket som helst. Ingen förmånsbeskattning eller avdrag på lön. Se det som en rejäl bonus. Någon annan förmån blir det knappast tal om.

Som anställd i kommunen kan du se framemot ett årskort på badhuset.

Badhuset är ändå en förlustaffär för kommunen. I det svarta hålet gör några gratisinlösta pedagoger ingen skillnad. Dessutom har de aldrig tid att utnyttja sina kort.

I kommunen pågår ett spännande utvecklingsarbete i skolan utifrån reflektion, formativ bedömning och digitala verktyg. Samtidigt strävar vi efter att ständigt höja kompetensen hos våra medarbetare.

Fast dina lagstadgade fortbildningsdagar kan du glömma. De väver vi in i mötestid, planeringstid och kaffepauser. Utbildning går du dock inte miste om. Du kommer att få lägga många kvällar på att lära dig Adminnet 2.0, Logginnet och många andra spännande datorsystem.

Du ska vara legitimerad lärare och behörig att undervisa i flera årskurser och ämnen. Vidare söker vi dig som har ett starkt intresse och kunskap om barns utveckling och lärande. Tidigare erfarenhet är meriterande och önskvärt. Du brinner för kunskapsfrågor och har höga pedagogiska ideal. Dina sociala färdigheter är stora och blir en tillgång för ditt kommande arbetslag.

Fast egentligen räcker det med att du är nykter på vardagarna, inte har suttit inne och är över 18 år. Lärarbristen är brutal.

Du kommer att vara en del av ett kreativt och ansvarstagande arbetslag som lär av varandra i en arbetsmiljö där alla delar med sig av sina erfarenheter.

Springer du tillräckligt fort i korridoren hinner du även prata med någon ur ditt arbetslag, kanske rent av utbyta hela meningar. Vi har ett väl utvecklat e-postsystem där du kan kommunicera med dina kollegor, även om post-it lappar är mer effektivt och att föredra.

Anställningsformen är 100% tillsvidare med månadslön. Vi tillämpar individuell lönesättning. Lämna löneanspråk vid ev. intervju.

100 % är vad du får betalt för. Resterande 50% står ditt kall för. Självklart har vi individuell lönesättning. Är du duktigt ska du ha din extra femtiolapp. Inget snack om saken. Det är viktigt att hålla fast vid sina drömmar, därför ber vi om löneanspråk. Att drömma kostar ingenting.

Skolans telefonväxel

Hej du har nu kommit Gransjöskolans automatiska telefonsvarare. För att vi ska kunna hjälpa dig på bäst sätt kommer du nu att presenteras för följande val. Glöm inte att avsluta med fyrkant.

För att sjukanmäla ditt barn, **tryck 1.**

För att försöka prata upp ditt barns betyg, **tryck 2.**

För att vidarebefordra ditt barns gnäll på skolmaten, **tryck 3.**

För att meddela att du just skickat in en anmäla till skolinspektionen, **tryck 4.**

För att berätta för rektorn hur hen borde sköta sitt jobb, **tryck 5.**

För att fråga om information som gått ut i 4 veckobrev, sitter på anslagstavlan och ligger i ditt barns ryggsäck, **tryck 6.**

För att klaga på hur vi uppfostrar ditt barn, **tryck 7.**

För att tala om att du tänker ta din skolpeng och gå om du inte får din vilja igenom, **tryck 8.**

För att ge lärare goda råd så att lektionerna blir roligare, **tryck 9.**

För att klaga i största allmänhet, **tryck 0.**

För att prata med din lärare, ring hens privata nummer efter 22.00.

Tack för ditt samtal. Vi vill uppmärksamma dig på att alla samtal spelas in i försvarssyfte.

Sju saker du inte får höra på ett utvecklingssamtal

– Men han måste ju få försvara sig!

Absolut. Vi tillämpar ju anarki på vår skolgård. Öga för öga, tand för tand. Vi tror på den starkes rätt. Det handlar om vem som slår först och hårdast. Demokratiska värden, skollagen och allmän snällhet är inget vi står för.

– Jo, men… din son kastade faktiskt en sten i huvudet på en annan elev. Det är väl kanske lite väl…

– Ja just det, och vad hade den andra eleven gjort? Varför pratar ni inte med hans föräldrar? Va!

Ja vad gjorde den lille arme pojken din son för ont? Han råkade ta fel spade. Självklart är en sten i huvudet proportionellt försvar. Det är väl det minsta man kan räkna med. Tänkte faktiskt själv dra iväg en sten i huvudet på honom. Nu behövde jag ju inte det eftersom er son så rådigt löste situationen. Och självklart pratar vi inte med de andra föräldrarna. Bulan, blodet och hjärnskakning är väl tillräcklig information.

– Jo, det klart vi pratar med hans föräldrar, men nu är det er son det gäller och det vore bra om…

– Så då är det alltså okej att min lille son blir kränkt? Är det så? Det undrar jag verkligen om det är sanktionerat av rektorn?

Självklart har skolan brustit i sina rutiner. Det ska inte upprepas. För att din son inte ska känna sig kränkt kommer han i fortsättningen att alltid få som han vill, gå före i matkön och kalla mig för idiot. Vi tar alltid sådana här kränkningar på största allvar.

– Jo, alltså…

– Och rektorn, varför svarar han inte? Han är skyldig att svara föräldrar! Han är skyldig att se till att min son inte blir kränkt! Tro inte att jag inte kan skollagen!

Prata med rektorn? Vem tror han att han är, skolinspektionen? Audiens med rektorn kräver nog lite mer än en sten i huvudet. 800 elever, 1600 föräldrar och lika många möten. Glöm det!

– Men då så, det var ju bra att vi fick prata ut om det här.

– Va! Vi kommer naturligtvis att gå vidare med detta! Vi får helt enkelt omvärdera vårt skolval!

Gå vidare? Vart då? Skolinspektionen, utbildningsministern, kungen? Jag skulle också vilja gå vidare. Kanske ett nytt liv någon annanstans. Långt bort från stenkastande barn och lättkränkta föräldrar.

– Jo, jag förstår. Det är synd att…

– Det finns fler skolor.

Ja, det gör det säkert. Men det får nog bli i någon skola i det ockuperade Irak om ni ska hitta någon skola som accepterar stenkastning. De undervisar säkert i ämnet. Och nej vi kommer inte att sakna skolpengen. Den täcker inte på långa vägar upp alla samtal och all dokumentation som rör din son. Rena vinstaffären för oss.

– Men vad bra då säger vi det. Ha en forts…

– Säger vadå? Vi har inte kommit någon vart. Det här mötet har inte haft något som helst resultat. Som vanligt! Adjö!

Inget resultat? Det gav mig pappersjobb, tidsbrist och huvudvärk. Det är inga dåliga resultat.

– Ja, men då så, då ses vi.

Världens mest dokumenterade barn

Som förälder till barn i det svenska skolsystemet behöver du inte vara orolig. Vårt dokumenterande utbildningssystem tar hand om ditt barn på bästa tänkbara sätt.

Oroas du av neddragningar i skolan kan du sluta ta valium och sova lugnt om nätterna. För ditt barn kommer fortfarande att få en gedigen och väl genomarbetad dokumentation. Individuella utvecklingsplaner och skriftliga omdömen i fyrfärgstryck på finaste papper kommer även i fortsättningen att spela en central roll i ditt barns skolgång. Som förälder kan du vara trygg och känna dig säkert förvissad om att många pedagogtimmar kommer att läggas ned på just ditt barns dokumentationspärm.

Du behöver inte vara orolig när ditt barn kommer hem med näsblod och skrubbsår från skolutflykten, eftersom den ansvarige pedagogen har lagt ned många timmar på att skriva en riskanalys i statligt utredningsformat. Stoppar kanske inget blodflöde, men dessa blanketter ger ändå en kvalitativ inramning av skolutflykten och borgar för att ditt barns skola aldrig kan bli stämd.

Fasar du över att ditt barn är utanför, eller kanske rent av kränks i skolan? Då kan du slappna av i trygg förvissning om att det ligger ett helt batteri med blanketter och dokument i beredskap på ditt barns skola. Du anar inte hur mycket mobbning som stoppas från skrivbordet.

I händelse av att ditt barn behöver extra stöd i skolan behöver du inte oroa dig. För då rullar kommunen fram det tunga artilleriet. Då pratar vi om dokumentation som får EU-byråkrater att sucka djupt av avund. Pedagogerna plockar fram sina finaste formuleringar och lägger ned mängder av pedagogtimmar på blanketter och åtgärdsprogram. Ett dokumentationsförfarande som leder raka vägen till en ingenjörsexamen.

Lärarbristen är inte något som bör hålla dig vaken om nätterna. Tomma katedrar kompenseras av fulla pärmar. Var inte orolig. Snart blir lärarlegitimationerna skarpa. Då kommer pedagogerna tillbaka.

Att resultaten sjunker i svenska skolor är inget att yvas över. Som förälder kan du känna en inre frid över att ditt barns skola har kvalitetssäkrat måluppfyllelserna genom att skriva planer vars pappersmängd motsvarar ett mindre kalhygge. Att läsa skolans kvalitetsredovisning är en rofylld läsning som lugnar även de klenaste nerver.

Det finns ingen anledning till oro. Ditt barn är det mest dokumenterade i världen. Det har vi papper på.

Blygsam lärarbrist

En liten blygsam lärarkris försvinner lätt i det massmediala bruset där världskriser är vardagsmat. Ebola, finanskris, inbördeskrig, sekteristisk våld och aggressiva ryssar väger förstås tungt jämfört med några tomma katedrar i ett glesbygdsland i EU:s utmarker.

När vi dessutom skakas av skandaler i Big brother och Paradise hotel finns det sannerligen annat att tänka på än lärarbristen.

Hur hanterar vi det faktum att det saknas lärare?

Sveriges kommuner och landsting
SKL är ett luttrat sällskap. Som så många gånger förr gör de en egen undersökning som visar motsatsen, sopar problemen under mattan och stoppar huvudet i sanden allt medan de låtsas att det regnar. En ganska logisk reaktion eftersom de själva bär stort ansvar för lärarbristen.

Kommunerna
Letar med ljus och lykta efter behöriga lärare, men finns det inga så finns det inga. Reservplanen är lika god som någon, åka ner till busstorget och anställa den som är minst full. Betala högre lön? Nja, men däremot kan vi erbjuda fina säsongskort till alla våra nybyggda arenor. Skulle det inte funka går det alltid att skaka igång lärarpensionärerna. Fattigpensionärer är inte svåra att locka.

Regeringen
Mindre klasser, ett tionde skolår och mer läxhjälp ska nog göra susen. Det kräver förvisso fler lärare, men en tusenlapp extra i lädret ger nog rusning till katedrarna. Ska bara komma överens med alla andra först.

Rektorerna

Rektorerna satsar högt i jakten på legitimerade lärare, högre tempo i korridorerna, högre blodtryck och högre doser lugnande.

Lärarna

Mängden arbetsuppgifter sjunker inte i proportion med lärarbeståndet. De lärare som blir kvar får jobba än hårdare.

Fast ska sanningen fram råder det ingen lärarbrist. Det finns behöriga lärare i Sverige. Problemet är att de jobbar med annat.

Evidensbaserat humbug

All undervisning ska vara evidensbaserad. Låter lika vackert som en ljum sommarkväll i juni.

Vi har alla varit där. En eftermiddagsföreläsning, kvällskurs eller en längre fortbildning. Du rycks med i hallelujastämningen och förstår att alla dina bekymmer kommer att lösas här och nu. Den arbetsmetod som rullas ut är den sanning som kommer att lösa alla din problem. Dessutom finns gedigen forskning som backar upp de fantastiska resultaten.

MEN när euforin har lagt sig och eftertanke och verklighet kommer smygandes känns allt inte lika bra längre. Hur ska du lyckas med samma fantastiska konststycke som föreläsaren gjort? Jag-ska-erövra-världen-känslan ersätts av alla-andra-lyckas-utom-jag-känslan samtidigt som du går till jobbet i dina pedagogiska tofflor som blivit ännu några storlekar för stora.

Kanske är det dags att sluta säga amen på föreläsningarna och börja vara kritisk. Evidensbaserat betyder inte heligt sakrament eller naturlag. Det är forskning som ska synas i sömmarna.

Om någon fått projektpengar och forskat i någon välartad halvklass i en mysig skola i ett bostadsområde med grannsamverkan och bullmys är det inte säkert att just dennes sanningar passar in i ditt slitna och överfulla klassrum.

Hur ofta har du hört följande på en föreläsning:

Det här har jag testat på 20 000 elever. Funkar varenda gång.

Det här funkar i 30-klasser med ensamma pedagoger.

Ensam med fem diagnoser? Inga problem, det funkar.

Nä, jag säljer inga böcker. Det är ändå ingen som läser dem.

Jo, jag har faktiskt jobbat i skolan de senast tio åren.

Nej, det kräver inte att dygnen har 28 timmar.

Alldeles för mycket av den pedagogiska forskningen är laboratorieforskning i trygga rumstempererade miljöer där en handfull rosenkindade bullerbybarn ingår. Dags att du som jobbar i verkligheten rätar på ryggen, börjar tro på din egen erfarenhet och slutar säga amen.

> *Vad är detta? Är han fientlig mot vetenskap? Är han en vidskeplig trollgubbe som mer hör hemma på Hogwarts än i den svenska grundskolan? Nej, jag är självklart för vetenskap och man bör hålla sig á jour med de senaste forskningsrönen. MEN du bör vara kritisk och inte svälja allt med hull och hår. Vem tjänar mest på den senaste forskningen? Föreläsaren eller eleverna? Kommer någon med en fantastisk lösning som löser alla problem är det förmodligen inte sant, men kan naturligtvis lösa några problem. Jämför dina egna förhållanden med den forskning som utförs. Det som funkar på en distansskola i Australien behöver inte funka i din klass. Du är ansvarig för din egen undervisning och kan aldrig skylla på någon forskare som senast besökte en skola då Palme var utbildningsminister.*

5 orsaker till lärarbristen

1. Sveriges kommuner och landsting, SKL

1991 övergav staten skolan. En intet ont anande yrkeskår snubblade rakt i famnen på SKL. SKL såg inte med blida ögon på de lata och överbetalda lärarna. Självklart skulle de tuktas och tryckas ned till den lägsta graden av tjänstefolk. Lärare blev snabbt ett kommunalt serviceyrke **utan inflytande och status**.

2. Sveriges kommuner och landsting, SKL

Sommarloven har alltid varit en nagel i ögat för SKL. En hel yrkeskår som knappt visar sig på skolan och som samtidigt har mage att ta sommarlov. Lathet är inget som SKL tar lätt på. I 24 års tid har arbetsbelastningen för lärare ökat successivt. Kurvan för arbetstid och arbetsuppgifter har stigit lika brant som kurvan för sjukskrivningar och avhopp. Något samband däremellan? Självklart inte om du frågar SKL. **Lärarnas arbetssituation** är inget som SKL vill kännas vid.

3. Sveriges kommuner och landsting, SKL

Ekonomi har alltid varit SKL:s paradgren. Om det är något de kan så är det att räkna pengar. Ju **sämre löner till lärarna** desto mer pengar att räkna. SKL är professionella prispressare när det gäller lärarlöner. Hade de varit i livsmedelsbranschen skulle de ha konkurrerat ut Lidl på en vecka.

4. Sveriges kommuner och landsting, SKL

Det är lärarnas fel. SKL:s nitiska förtryck av lärarkåren får givetvis konsekvenser på elevernas resultat. Att se sin egen del i sammanhanget finns det varken kompetens eller vilja till. Nä, det måste naturligtvis vara de slöa lärarnas fel. De har fel arbetssätt, fel kunskaper och definitivt fel attityd. Inte konstigt att det går käpprätt åt skogen med skolan. SKL bidrar gärna och duktigt till att samhällets syn på **lärare som allmänna spottkoppar.**

5. Sveriges kommuner och landsting, SKL

SKL ser på problemen i skolan ur de blindas perspektiv, inte alls. Lyckas man inte sopa problem under mattan stoppar man gärna huvudet i sanden och låtsas som att det regnar. Skulle de strategierna inte fungera letar man fram någon tveksam forskning eller egenhändigt hopknåpad rapport som visar på att problemen inte finns. **Lärarbristen ignoreras fullständigt** och tillåts växa till bibliska dimensioner.

Nu finns det säkert en och annan som anser att det finns fler orsaker till lärarbristen, t.ex. SKL.

Men staten då? Tänker någon. Är staten så mycket bättre? Titta på poliserna. Deras situation är ju än värre än lärarnas. Kanske det, men en sak är säkert; tar staten över skolan kommer de inte att dra ned lärarna i skiten. Det har redan SKL gjort.

SKL är en arbetsgivar- och intresseorganisation som samlar Sveriges kommuner och landsting.

Sommarens GÖRA-LISTA för lärare

1. **Läsa en bok som det inte står skolverket på.** Njut av att inte behöva tolka och analysera varenda stavelse du läser. Visserligen är det mycket fantasi och fiction i skolverkets utgåvor men några spänningsromaner är det inte att tala om. I slutet av sommaren kanske du kan läsa en tjockare bok, kanske läsa ett helt kapitel innan du somnar, och vem vet kanske till och med läsa ut en bok.

2. **Äta lunch i trygg hemmamiljö** eller ute bland folk på en restaurang, utan att sleva in födan som om du hade en fullt utvecklad brand i köket. Några veckor in på sommarlovet bör du kunna äta med andra vuxna och föra en konversation mellan tuggorna. Var inte rädd att prova varm mat med tuggmotstånd.

3. **Dricka nybryggt hett kaffe** samtidigt som du betraktar kaffet som ett njutningsmedel. Att dricka ljummet kommunalt kaffe med koffeinintag som enda anledning har inget med välbefinnande att göra. Dra ned konsumtionen till hälsosamma nivåer, spring inte omkring med kaffekoppen och se det inte som sätt att överleva dagen. Njut av ditt kaffe.

4. **Göra en resa,** kort eller lång, det spelar ingen roll. Gärna en grupppresa där du inte har något som helst ansvar. Upplev känslan av att inte behöva skriva riskanalyser, packa ned 5 meter plåster eller ständigt räkna elever. Även om du kämpar mot att ta över reseledarrollen eller tillrättavisa busschauffören är det en befrielse att bara ta ansvar för sig själv. Se till att boka en returbiljett annars kan frestelsen bli för stor.

5. **Slänga almanackan** och allt annat som har med tidsangivelser att göra. Första veckan kanske det räcker med att bara bryta bort sekundvisaren från köksklockan. Prova åtminstone en dag att inte följa en sekundplanering. Göra vad som faller en in när det faller in låter konstigt för en som bokar in sina toalettbesök, men det är en befrielse.

6. **Dricka en halvliter juice och en panna kaffe** på morgonen utan att behöva tänka på konsekvenserna. Det är en vanesak, men det går faktiskt att vänja sig av med att hålla sig. Gå på toaletten när du vill, hur länge du vill och hur du vill. Ta med en bok och sitt ett par timmar.

7. **Följa Skrivbordspedagogen på Facebook.** Kvalitetsgnäll i digital form som håller dig uppdaterad om allt elände i vårt skolsystem.

Vem är Skrivbordspedagogen?

Jag kanske inbillar mig. Men nog börjar vårt samhälle att bli lite väl individualistiskt. En krönika skrevs för 30 år sedan oftast under av någon med ett halvroligt smeknamn, i bästa fall med sitt namn i ett blygsamt teckensnitt. Hur ser det ut idag? Idag är det stylade helkroppsbilder som tar upp lika mycket utrymme som själva artikeln. Den som berättar en historia är nästan viktigare än historien själv.

Några helkroppsbilder kommer du sällan att se tillsammans med mina texter. Samtidigt kan jag förstå en viss nyfikenhet över vem som gömmer sig bakom Skrivbordspedagogen.

Skrivbordspedagogen föddes på det tidiga 70-talet i Östersund, i ett bostadsområde som kanske kan liknas vid en lightversion av miljonprogrammen i storstäderna. Han hade en ganska händelselös och normal uppväxt utan större problem vare sig i skolan eller hemma. Karriären som luftvärnssoldat i Boden blev så kort som värnplikten tillät medan anställningen på ett mejeri inte blev längre än vad han stod ut. Efter att ha snurrat runt ett tag i världen blev det dags att ta tag i sitt liv och skaffa en utbildning. I Skåne fick han den akademiska bildning som krävdes för ett lärarjobb. I Jämtland skaffade han ett bekvämt svenssonliv med bil, hund, fru, villa, barn och allt annat som gör en man till ett perfekt medeltal hos SCB. Undervisade gjorde han i lågstadiet länge och väl, och så vitt jag vet gör han det än idag.

Felsökning

Problem	Möjlig orsak	Åtgärd
Jag förstod inte budskapet.	Du är inte lärare. Du läste för fort. Ironi är inte din grej.	Fråga en lärare. Läs boken en gång till. Starta en bokcirkel och diskutera innehållet.
Det saknas sidor i boken.	En vän har rivit ur dem i ren ilska. En vän har rivit ur dem, laminerat dem och satt upp dem i fikarummet.	Förlorade sidor går sällan att återställa. Köp en ny bok och skaffa nya vänner.
Jag hittar inte min bok.	En vän har stulit boken. En vän har stulit boken och sålt den på Blocket. Du har förlagt den.	Leta lite diskret i dina vänners bokhyllor. Kolla av Blocket med jämna mellanrum. Leta efter boken. Köp en ny om du inte hittar den.
Min bok blev blöt.	Dina tårar vätte ner boken när du insåg hur deprimerande den var. Du spillde ditt fredagsvin på boken när du somnande av leda när du läste boken.	Släng boken. Den var nog inget för dig.
Jag kände mig kränkt när jag läste boken.	Du är på något sätt ansvarig för lärarnas dåliga arbetsmiljö.	Läs boken många gånger.
Jag fick inte valuta för pengarna.	Innehållet i boken attraherar inte dig.	Försök sälja boken på Blocket. Ge bort den till en vän. Använd den på lantställets utedass.

Problem	Möjlig orsak	Åtgärd
Jag skrattande inte en enda gång.	Du är lärare på gränsen till utbränd.	Vila upp dig, sjukskriv dig och läs boken när du fått distans till dina problem.
Jag har fått kaffefläckar i min bok.	Du har druckit kaffe när du läste boken.	Svårt att göra något åt. En kaffefläck gör boken mer personlig. Se den som en markör för ett flitigt användande
Det har blivit ett veck i pärmen.	Du har förvarat boken på ett olämpligt ställe, soffa, bil, säng el. dyl.	Se till att förvara boken i en bokhylla eller skrivbordslåda.